Umschlagbild: Der Burgenring von Süden gesehen

SCHLITZ
Die Burgenstadt
im Herzen Deutschlands

Herausgegeben

von

Professor Dr. Martin Scheele

1982

Verlag H. Guntrum II. KG, Schlitz

ISBN 3-921739-02-0

© Verlag H. Guntrum II. KG, 6407 Schlitz/Hessen, Postfach 180

Printed in Germany 1982

ISBN 3-921739-02-0

Satz und Druck: Buch- und Offsetdruckerei H. Guntrum II. KG
6407 Schlitz/Hessen

Inhalt

Vorwort des Herausgebers

Über viele schöne deutsche Städte gibt es Bücher mit Farbaufnahmen. Da die Burgenstadt Schlitz an baulichen Schönheiten mit anderen Städten durchaus wetteifern kann, lag es nahe, auch für unsere Heimatstadt ein »Bilderbuch« herauszubringen. Dies nicht zuletzt deshalb, weil alle bisherigen Bücher und Broschüren über Schlitz veraltet und vergriffen sind.

Unsere Stadt hat sich nach dem zweiten Weltkrieg in mannigfaltiger Weise weiterentwickelt und ist nicht nur durch ihre Burgen und ihr reizvolles mittelalterliches Stadtbild über die Grenzen der engeren Heimat, ja über die Grenzen Deutschlands hinaus bekannt geworden. Daher soll dieses Buch auch einen Eindruck von der heutigen kulturellen und wirtschaftlichen Vielgestaltigkeit der Großgemeinde Schlitz vermitteln. Es sind jedoch nur solche Firmen und Einrichtungen zu Wort gekommen, deren Bedeutung über unser Gebiet hinausreicht.

Das Werk, das wir hier vorlegen, ist nicht als wissenschaftliches Werk gedacht. Es ist vielmehr für alle hiesigen Mitbürgerinnen und Mitbürger bestimmt und für alle Gäste, die Schlitz und das Schlitzerland besuchen sowie für alle diejenigen, die irgendwann einmal in Schlitz gelebt haben oder hier tätig gewesen sind. Man soll sich an den Bildern erfreuen und einen allgemein verständlichen Gesamteindruck gewinnen. Fremdwörter, langatmige Einzeldarstellungen, die man doch nicht behalten kann, und Wiederholungen sind möglichst vermieden worden. In diesem Sinne habe ich mich als Herausgeber bemüht, die besten mir erreichbaren Bilder auszuwählen und verhältnismäßig kurze, aber vielseitige Schilderungen aus den verschiedensten Lebensbereichen zusammenzustellen und entsprechend zu überarbeiten.

Das Buch folgt einem roten Faden, der aus dem Inhaltsverzeichnis ersichtlich ist. Es beginnt mit dem Allgemeinen, stellt den geschichtlich erläuterten Bildteil mit den farbigen Abbildungen in den Mittelpunkt und geht dann zu den Einzeldarstellungen über. Die nicht gesondert mit Verfassernamen versehenen Ausführungen stammen vom Herausgeber. Wenn keine anderen Daten genannt sind, beziehen sich alle Zahlenangaben des Buches auf das Erscheinungsjahr (1982). Am Ende findet man ein für das ganze Buch und alle einzelnen Beiträge gemeinsames Schrifttumsverzeichnis.

Die Gestaltung und Herausgabe dieses Werkes wäre ohne die Mitwirkung vieler Helfer, beginnend mit den Autoren, über die Fotografen, bis hin zu den Druckern und Buchbindern, nicht möglich gewesen. Ihnen allen danke ich sehr herzlich für ihre Unterstützung. Zugleich hoffe ich, daß dieses Buch als echte Gemeinschaftsarbeit allen Lesern einige besinnliche Stunden schenkt!

Schlitz, im Herbst 1982   Martin Scheele

Vorwort des Bürgermeisters

Die Herausgabe eines vielfältig gestalteten Buches über Schlitz begrüße ich sehr.

Eine Stadt mit so langer, abwechslungsreicher und interessanter geschichtlicher Vergangenheit könnte gar Bände füllen, würde man die Zeitepochen tiefgründiger beschreiben wollen.

Gerade unsere Stadt ist im besonderen Maße eine auf ihrer Geschichte aufgebaute, aber sich auch ständig weiterentwickelnde kommunale Gebietskörperschaft.

Hier haben es die fleißigen und auch sehr aufgeschlossenen Bürgerinnen und Bürger immer wieder verstanden, sich nicht von der Entwicklung abkoppeln zu lassen, sondern Altes zu bewahren und Neues zu wagen.

Die Präsentation eines Teiles des Schlitzer Gewerbes und des Handels vermittelt in diesem Buch ein Stück des Lebens in unserer Stadt, wie es täglich abläuft.

Menschen prägen eine Stadt, die Heimat prägt den Menschen.

Als flächenmäßig viertgrößte Stadt im Hessenland umfaßt heute unsere Stadt mit dem Schlitzerland das Gebiet der ehemaligen Grafschaft Schlitz, was ein starkes Gefühl der Zusammengehörigkeit der Bürgerschaft bewirkt, das seine Ursache in den vielen, in den vergangenen Jahrhunderten erlebten Freuden und dem Leid hat, was zur Formung einer soziologischen Einheit unserer Bürgerschaft führte.

Möge dieses Werk uns alle in diesem Sinne noch mehr zusammenführen und -halten.

Siegfried Klee, Bürgermeister

Schlitz.

Mäßig.
mf

Kantor Ranz zu Schlitz

1. Im wei-ten deut-schen Rei-che ba liegt ein Städt-lein
1. klein, im Ring von grü-nen Ber-gen ein hel-ler E-del-
1. stein. Ein kla-rer Fluß um-spie-let des trau-ten Städt-leins
1. Fuß, und sei-ne Hö-he sen-det dem Him-mel frommen Gruß.
1—4. Du Stadt, die uns ge-bo-ren, dir sei ein Gruß ge-weiht. O
mögst du lieb-lich grü-nen und blü-hen al-le-zeit!

2. Nicht weltberühmten Namen das kleine Städtlein trägt, nicht breite stolze Straßen die Mauer dort umhegt; der Fluß trägt keine Schiffe, viel Mühlen geh'n im Tal*, gar lieblich ist's zu schauen im hellen Sonnenstrahl.

3. Vier alte Burgen zeugen von längst vergangner Zeit; drei Türme stattlich ragen, man sieht sie weit und breit. Dran kann es leicht erkennen, wer nur das Städtlein sieht; wir grüßen es mit Freuden, ihm gilt dies Ehrenlied.

4. Und zu dem Städtlein ziehen die Herzen stets zurück, dort stand ja unsre Wiege, dort lacht der Kindheit Glück. Dort ruhen unsre Toten im heimatlichen Sand — wir wollen's treulich pflegen und lieben unverwandt.

Georg Christian Dieffenbach.

* nach der ältesten Fassung.

Das Schlitzer Heimatlied

Das Stadtwappen und seine Bedeutung

Die erste Darstellung des gräflichen Wappens, das in unserer Abbildung wiedergegeben ist, befindet sich auf dem Grabstein von Simon von Slitese (1179) in der Stadtkirche zu Schlitz. Der Schild zeigt in silbernem Feld zwei schwarze, gezinnte, von links oben nach rechts unten führende Schrägbalken. Der Schild mit dem Wappen wurde an den linken Arm geschnallt und im Kampf schräg, mit der Spitze nach oben gehalten. So zeigte sich dem Feind das Wappen mit waagerecht liegenden Balken.

Das Wappen versinnbildlicht mit seinen beiden schwarzen Balken die beiden starken Schlitzer Burgen, die von jeher im Besitz der Grafenfamilie waren: Die obere Stadtburg Schlitz und die im Jahre 1265 zerstörte Wasserburg Nieder-Schlitz.

Der Adlerflug auf dem Helm ist das Sinnbild alten Germanentums und bedeutet Abstammung aus uraltester germanischer Zeit. Er ist mit dem Balken des Wappens belegt.

Auch die Stadt Schlitz führt das geschilderte Wappen von altersher. Das Stadtwappen trägt aber keinen Helm, sondern eine Mauerkrone.

Geographische Übersicht über Hessen

Wissenswertes über die heutige Großgemeinde Schlitz

Von F. Kumpf

Das zum Bundesland Hessen gehörende Schlitzerland, wie das Gebiet im Volksmund genannt wird, liegt im Herzen Deutschlands zwischen dem Knüllgebirge im Norden, der Rhön im Südosten und dem Vogelsberg im Südwesten.

Der Boden des Schlitzerlandes besteht vorwiegend aus Buntsandstein mit stellenweise aufgelagerten Basaltkuppen und geringem Muschelkalkvorkommen. Die Bohrversuche im Schlitzerland ergaben in einer Tiefe von 250 bis 300 Metern Salzlager, die jedoch nicht abbauwürdig sind. Auf dieses Salzvorkommen sind die Heilquellen von Bad Salzschlirf unweit Schlitz zurückzuführen.

Da Basalt bei seiner Verwitterung einen fruchtbaren Lehmboden ergibt, sind die Basaltkuppen des Schlitzerlandes mit herrlichen Laubwäldern bewachsen, die vorwiegend aus Buchen bestehen. Die wenig fruchtbaren Sandsteinböden tragen Nadelwald. Eine in ganz Europa forstliche Berühmtheit sind die Schlitzer Lärchen am Richtberg, die eine Höhe von über 40 Metern erreichen. Sie wachsen in einem ihnen besonders zusagenden sandigen Lehmboden.

Die Schlitzerländer Wälder beherbergen Rehwild, Rotwild und Schwarzwild. Der Auerhahn, für dessen Vorkommen unsere Wälder früher bekannt waren, kommt heute hier leider nicht mehr vor. Er teilt dieses Schicksal mit vielen anderen Pflanzen- und Tierarten, die ihre Lebensräume und Lebensansprüche in unserer modernen Kulturlandschaft verloren haben.

Zwei Flußtäler durchschneiden unsere Landschaft: Die auf der Wasserkuppe entspringende, im Schlitzerland von Süden nach Norden fließende Fulda und der von Südwesten nach Nordosten verlaufende Schlitzfluß, an dem die Kernstadt Schlitz liegt und der beim Stadtteil Hutzdorf in die Fulda mündet.

Von diesem Flüßchen hat die Stadt auch ihren Namen bekommen, der im Mittelalter »Slitisaha« oder »Slitise« lautete, was soviel wie »langsam (wie ein Schlitten) dahingleitendes Wasser« bedeutet.

Die Stadt Schlitz ist 240 Meter über dem Meere gelegen. — Straßenverkehrsmäßig läßt sie sich von allen Seiten günstig erreichen. Nach Stillegung der direkten Bahnstrecke befindet sich der nächstgelegene Bahnhof in Bad Salzschlirf, etwa 10 km von Schlitz. Die Entfernung zur Kreisstadt Lauterbach beträgt 14 km, nach Fulda 21 km und nach Bad Hersfeld 35 km. Zur Autobahn Kassel-Würzburg (Rhönstrecke) gelangt man in 10 Minuten, zur Autobahn Kassel-Frankfurt in 20 bis 30 Minuten.

Das Schlitzerland besteht seit der Gebietsreform im Jahre 1972 aus der Stadtgemeinde Schlitz und sechzehn Stadtteilen, den früher selbständigen Dörfern. Die Gesamteinwohnerschaft beträgt etwa neuneinhalbtausend. Die Hälfte davon lebt in der Kernstadt. (Am Stichtag 31.12.1979 genau 9.397. Im Jahre 1950 waren es noch 10.440!) Die Bevölkerung ist (1972) zu 71 % evangelisch.

Geographische Übersicht über das Schlitzerland (Ältere Karte)

Das Gemeindegebiet umfaßt rund 142 Quadratkilometer. Damit liegt die Großgemeinde Schlitz, was die Flächengröße betrifft, mit an der Spitze im Lande Hessen. Nicht nur der Waldreichtum und die abwechslungsreiche Mittelgebirgslandschaft prägen das Gebiet, die dünne Besiedlung mit nur 66 Menschen auf dem Quadratkilometer sind ein Charakteristikum dieses Landesteiles. (Der Durchschnitt des Landes Hessen liegt bei 264 Einwohnern pro Quadratkilometer).

Zu den einschließlich der Kernstadt siebzehn historisch gewachsenen Stadtteilen zählen ab 1967 noch zwei Behindertendörfer, die von der »Lebensgemeinschaft« auf den ehemaligen Graf Görtzischen Besitzungen Sassen und Schloß Richthof mit Unterstützung von Bund, Land und Gemeinde errichtet wurden.

Die ursprünglich selbständigen Dörfer, die heute Stadtteile der Großgemeinde Schlitz sind, verteilen sich im wesentlichen auf drei Flußtäler: Das Tal der Fulda oberhalb der Kernstadt Schlitz, auch »Fuldagrund« oder »Fuldgrund« genannt, mit den Dörfern bzw. Stadtteilen Hemmen, Hartershausen, Üllershausen, Pfordt und Fraurombach; das Tal des Schlitzflusses, auch »Kreutzersgrund« geheißen, mit den Stadtteilen Ützhausen, Nieder-Stoll und Bernshausen sowie das Tal der Fulda flußabwärts der Kernstadt Schlitz, mit Namen »Untergrund«, wo die Stadtteile Hutzdorf, Sandlofs, Queck, Rimbach, Unter-Schwarz, Ober-Wegfurth und Unter-Wegfurth angesiedelt sind. Lediglich der Stadtteil Willofs liegt in keinem dieser drei Täler, sondern an der Straße nach Lauterbach.

Ein Wort noch zur Mundart der einheimischen Bevölkerung. Die Mundart der Schlitzerländer ist die Sprache der Ostfranken, die sich vom Hochdeutschen durch die Mannigfaltigkeit ihrer Selbstlaute unterscheidet. Die offenen ei und o und die Nasalierung fast aller Vokale geben der Sprache etwas Schweres und Breites, ganz dem langsamen und wuchtigen Wesen der Bewohner entsprechend. Da aber andererseits auch die geschlossenen Selbstlaute vorhanden sind, wird der Schlitzerländer noch einigermaßen von den Nichteinheimischen verstanden, vorausgesetzt, daß er nicht auf einen der dieser Mundart eigenen Ausdrücke stößt, die selbst dem Sprachwissenschaftler nach Verwandschaft und Herkunft Kopfschmerzen verursachen. Daß sich in vielen Wörtern mit eu und ei das i des Mittelalters erhalten hat (Kreuz = Kriz, reich = rich), ebenso das u in »Haus, Braut, Kraut« und vielen andern (Hus, Brut, Krut), ebenso das u, das nach o herüberklingt, zeugt auch in der Sprache von Beständigkeit und Treue zum Hergebrachten. Und doch ist diese Sprache nicht starr und unbeholfen, sondern dehnbarer und mannigfaltiger als manche Weltsprache. Die persönlichen Fürwörter »er, sie, es« sind zweimal vorhanden: »haih, säj, inst« und »e, se, es«. Je nach Temperament, Wichtigkeit oder Gelegenheit wendet man die eine oder die andere Form an. Welch herrliche Klangfülle liegt in dem Geschlecht des Zahlwortes »zwei«: zwee, zwo, zwäi. Und von welcher Ehrfurcht gegen das Alter zeugt es, wenn der junge Mensch den älteren mit der Höflichkeitsform anredet, und zwar weder mit dem Fredericanischen »Er«, noch mit dem Hochdeutschen »Sie«, sondern mit der einzig berechtigten Mehrzahlsform der zweiten Person: »Ihr«. Das Merkwürdigste aber an unserm Dialekt, was sich nur sehr vereinzelt auch in anderen findet, ist, daß bei den Tätigkeitsworten zwar die Nennform nicht gebraucht wird, aber die Vergangenheit mit der Vorsilbe »ge« in Anwendung kommt, wobei dann die Endungen der Auslaute wegfallen. Zum Beispiel »Ich kann sie (das Mädchen) leiden« = »Eich konn se gelieht«; »Ich kann singen« = »Eich konn geseng«; »Ich muß mich festhalten« = »Eich moß mech gehoal«; »Du kannst mitgehen« = »Du konnst metgegah«; »Er kann erzählen« = »He konn verzahl«; »Ich kann das nicht lesen« = »Eich konn dos net gelahn« u. a. m. Schade, daß es so schwer ist, die Mundart dieses kleinen und doch so wertvollen Sprachgebietes mit Hilfe des hochdeutschen Alphabetes zu Papier zu bringen. Nur ein Schlitzerländer kann das heimische Schrifttum, das aus mannigfachen Versuchen humorvoller Lokaldichter besteht, lautgetreu wiedergeben.

Das Schlitzerland ist Leineweberland. Schon im frühen Mittelalter wird von Abgaben in Form von Geweben berichtet, die an das Kloster in Fulda geleistet werden mußten. Das 150-jährige Jubiläum der Firma Langheinrich sowie das Vorhandensein weiterer Leinen-Firmen zeugen davon, daß die Leineweberei in der Folgezeit zu ständig wachsender Bedeutung gelangte.

Im übrigen bilden neben Waldwirtschaft und Holzverarbeitung die Betriebe des Bauhaupt- und Baunebengewerbes das Fundament der mittelständischen Wirtschaft. Diese sind um so mehr auf private und öffentliche Aufträge angewiesen, als die Ortsgebundenheit der Arbeitskräfte durch Kleinlandwirtschaft und eigenen Hausbesitz der Mobilität bestimmte Grenzen setzt. Die Sicherung der Arbeitsplätze am Ort oder in annehmbarer Entfernung wird zu einer Existenzfrage des gesamten Gebietes, da die verbesserten Schul- und Berufsausbildungseinrichtungen Berufswünsche bei der jungen Generation wecken, die bei der heutigen Wirtschaftsstruktur nicht abgedeckt werden können.

Kriegs- und Nachkriegszeit haben zu einer Verbesserung der wirtschaftlichen Gesamtstruktur geführt. Neue Branchen haben sich angesiedelt, und die Zuordnung des Kreises Lauterbach zum Zonenrandgebiet hat positive Impulse für Investitionen gegeben. Zu den neuen Firmen mit überregionaler Bedeutung gehören beispielsweise die Elektro-Industrie, ein Lochkartenwerk, eine Matratzenfabrik, eine Metallwaren- und eine Tonwaren-Fabrik.

Der Fremdenverkehr gewinnt immer größere wirtschaftliche Bedeutung. Private und öffentliche Investitionen müssen sich ergänzen, wenn der Trend zu höheren Übernachtungszahlen anhalten soll. Freizeitzentren, Campingplätze und das kulturelle Angebot müssen erweitert werden, wenn der staatlich anerkannte Erholungsort Schlitz auf dem Markt der Touristik konkurrenzfähig bleiben will.

Das gesellschaftliche Leben in der Kernstadt und den Stadtteilen steht in hoher Blüte. Sport- und Gesangvereine, Feuerwehren und Frauenvereinigungen entwickeln neue Formen nachbarlichen Zusammenlebens. Die Volkshochschule bietet eine breite Palette von Fortbildungsmöglichkeiten an.

Der Schlitzerländer Trachten- und Volkstanzkreis, dessen vielfältige Beziehungen zu Trachten- und Volkstumsgruppen die Grundlage für das alle zwei Jahre stattfindende Trachtenfest bildet, ist mit anderen Gruppen zum Botschafter des Schlitzerlandes in ganz Europa geworden.

Der gute Geist, der den Grundcharakter des Schlitzerlandes prägt und der ihm über Jahrhunderte die volkstumsmäßige Geschlossenheit erhalten hat, ist der beste Garant für den Willen, gute und weniger gute Zeiten mit Gelassenheit und Zuversicht zu ertragen.

Der Fremdenverkehr in Schlitz
Von W. Weickert

Wer die Burgenstadt Schlitz unter den klassischen Fremdenverkehrsorten sucht, tut dies vergeblich. Erst Anfang der 60er Jahre haben Stadt und Verkehrsverein mit Unterstützung des Landesverkehrsverbandes Hessen begonnen, die Bürgerschaft und die Gastronomie mehr als bisher für eine Intensivierung des Fremdenverkehrs zu gewinnen. Inzwischen sind die ständig steigenden Übernachtungszahlen ein Beweis für die erfolgreiche Arbeit der Stadt auf dem Gebiet des Fremdenverkehrs geworden und führten zur Einstufung der Stadt als Fremdenverkehrsschwerpunkt im Rahmen des Fachplanes »Fremdenverkehr« des Landes Hessen.

Schlitz und das Schlitzerland, vereinzelt durch Industrie- und Handwerksbetriebe, vorwiegend aber von der Land- und Forstwirtschaft geprägt, bot schon immer gute Voraussetzungen für einen erholsamen Aufenthalt. Für viele Besucher galt die Stadt sowohl vor als auch nach dem letzten Krieg bereits als »Geheimtip«. Im Archiv der Verwaltung befinden sich aus der Zeit um 1930 Aufzeichnungen über Schlitz als »Luftkurort«.

Mit Urkunde vom 15.12.1961 wurde Schlitz das Prädikat »Staatlich anerkannter Erholungsort« verliehen. In dem hierzu erstellten Klimagutachten heißt es, daß durch die waldreichen Berghänge, wenige Kilometer von der Stadt entfernt, ein abendlicher Zufluß frischer und reiner Waldluft erfolgt, wodurch in den Sommermonaten, besonders nach heißen und schwülen Tagen, eine angenehme Erfrischung sichergestellt ist. Aufgrund dieser Klima- und Witterungsverhältnisse ist Schlitz in Bezug auf Abkühlungsreize als reizmild bis schonend zu bezeichnen.

Unsere Großgemeinde bietet vielfältige Unterbringungsmöglichkeiten, angefangen bei der Gastronomie, also den Hotels und Gaststätten, über zahlreiche Privatquartiere bis hin zu der Jugendherberge und den Campingplätzen.

Die Gastronomie hat die Bemühungen der Stadt vorbildlich unterstützt. So entstanden in der Zeit nach 1960 einige Hotelneubauten, und außerdem wurden erhebliche Investitionen zur Verbesserung des Zimmerangebotes und deren Ausstattung vorgenommen. Die Erweiterungen und Modernisierungen der gastronomischen Betriebe haben sich an die steigenden Ansprüche der Gäste laufend angepaßt. Nicht weniger beliebt sind die Privatquartiere, deren Zahl ständig gewachsen ist. Einen besonderen Anziehungspunkt bilden aber auch die »Ferien auf dem Bauernhof«, die bei den Gästen großen Anklang finden.

Die Schlitzer Jugendherberge gehört zu den schönsten Unterbringungsstätten ihrer Art in Hessen. Sie wurde in der Ottoburg eingerichtet und ist vom Marktplatz aus zugänglich. 1981 verzeichnete sie 19.049 Übernachtungen.

Nicht zuletzt verfügt die Burgenstadt in unmittelbarer Nähe des beheizten Freibades über einen besonders reizvoll gelegenen Campingplatz. Dort stehen etwa 40 Stellmöglichkeiten für die Camping-Freunde bereit.

Die Gäste, die sich entschlossen haben, in Schlitz oder dem Schlitzerland ihren Urlaub zu verbringen, werden hier nicht enttäuscht. Unsere Besucher begeistert außer der Stadt selbst immer wieder aufs neue ihre besonders reizvolle Lage, die Vielfalt der gebotenen Abwechslungen und Zerstreuungen, die Ruhe und die Möglichkeit, in stundenlangen Spaziergängen die Natur auf sich wirken zu lassen.

Der geschichtsträchtige Altstadtkern mit der Stadtkirche, seinen Burgen und Bürgerhäusern, dem Marktplatz, den Winkeln und Gäßchen sowie das saubere Stadtbild und die Bemühungen der Bewohner der Stadtteile zur Verschönerung, die mehrfach durch Auszeichnungen im Landeswettbewerb »Unser Dorf soll schöner werden« belohnt wurden, bilden den Rahmen für erholsame Ferien.

Die Bestrebungen der Eigentümer der vielen unter Denkmalschutz stehenden Gebäude, bei denen es sich meistens um Fachwerkhäuser handelt, werden von der Stadt bei der Erhaltung und Verschönerung nach Kräften unterstützt. Die städtischen Körperschaften bekommen durch ihre Mitgliedschaft in der Arbeitsgemeinschaft »Historische Fachwerkstädte« in Hessen und Niedersachsen wertvolle Anregungen zur Pflege der Altstadt und ihres besonderen Charakters. Die das Stadtbild prägenden Burgen befinden sich nicht zuletzt durch ihre segensreiche Verwendung als Altersheime, Jugendherberge und Heimatmuseum sowie durch die Unterbringung des Festsaals der Stadt und eines Teiles ihrer Büroräume in einem guten baulichen Zustand.

Zahlreiche Einrichtungen, die man heute »Infrastruktur« nennt, dienen ebenfalls der Förderung des Fremdenverkehrs. Dazu zählen das Bürgerhaus mit einer Bücherei, die Reithalle, das Hallenbad, das beheizte Freibad, der Tennisplatz, der Minigolfplatz, der Bootsteich am Damenweg,

das Schlitzer Glockenspiel mit mannigfaltigen internationalen Melodien, der Schloßpark mit seinem prächtigen alten Baumbestand, die Schlitzerländer Tierfreiheit und vieles andere mehr.

Auch für einen »Aktivurlaub« gibt es ein umfangreiches Angebot. Beispielsweise finden regelmäßig Kurse in Blumen- und Bauernmalerei, Arbeiten in Ton und Makramee statt. – Dem wandernden Gast stehen mehr als 100 km Wanderwege mit Anschluß an überörtliche Strecken zur Verfügung. In diesem Zusammenhang entstanden im Waldgebiet »Tempelberg« Schutzhütten und eine Grillanlage. Ausreichende Radfahrwanderwege sind ebenfalls vorhanden. Außerdem gestaltete die Stadt das Gebiet um die 12 Hektar großen ehemaligen Kiesbaggerseen im Stadtteil Pfordt zu einem Erholungs- und Freizeitgebiet mit Badestrand, Windsurf-, Segel- und Angelgelegenheiten um.

Von herausragender Bedeutung ist das in jedem Jahr mit ungerader Jahreszahl jeweils am zweiten Wochenende im Juli stattfindende Schlitzerländer Heimat- und Trachtenfest; eine traditionsgebundene Veranstaltung, die durch die Anwesenheit von Volkstumsgruppen aus ganz Europa einschließlich der Ostblockländer, den bunten Festzug am Sonntag und nicht zuletzt durch das Feiern innerhalb der mittelalterlichen Innenstadt immer wieder Tausende von Menschen anlockt. Das Fest ist wie keine andere Gelegenheit geeignet, einen Einblick in Leben und Brauchtum der Menschen in Schlitz und Schlitzerland mit all den Vorzügen und Schönheiten dieses oberhessischen Gebietes zu geben.

Aus der Schlitzer Geschichte

Von H. Sippel

Die Schlitzer Vergangenheit trat aus dem Dämmergrund der Vorgeschichte heraus, als im Sommer 743 ein junger bayerischer Benediktinermönch namens Sturmius auf der Suche nach einem Klosterbauplatz in dem heutigen Schlitzer Stadtteil Fraurombach Rast machte und ein anderer Mönch dieses Ereignis für die Nachwelt auf Pergament niederschrieb. Sturmius, der ein Schüler des Bonifatius war, fand den Bauplatz schließlich in der Gegend der heutigen Stadt Fulda, und im Jahre 744 wurde dort das geplante Kloster errichtet. Die Mönche missionierten im benachbarten Buchenurwald. Im Zuge dieser Christianisierung der in Streusiedlungen wohnenden Chatten baute Abt Ratgar im Jahre 812 auf dem Hügel des Ortes Slitisaha (Slitese, Schlitz) eine massive Steinbasilika. Der Mainzer Erzbischof weihte am 20. September 812 das neue Gotteshaus, das zum religiösen Mittelpunkt eines sehr großen Kirchensprengels wurde. In verhältnismäßig kurzer Zeit hatte also das Kloster Fulda die gesamte Gegend unter seine Herrschaft gebracht.

Die nachfolgenden Jahrhunderte waren gekennzeichnet von Kriegen, Fehden, Raubrittern und Wegelagerern. Die Sachsen und die Ungarn zogen marodierend durchs Land. Das ursprünglich dem König zustehende »ius munitionis«, das Befestigungsrecht, wurde angesichts der Unruhezeiten nun auch von den aufkommenden landesherrlichen Gewalten (Territorialgewalten) genutzt. Der fuldische Benediktinerabt hatte spätestens um 1150 in Schlitz zwei Burgenbauten veranlaßt: Zunächst die Mottenburg Niederschlitz und sodann den mächtigen Viereckwohnturm der Vorderburg. Die Siedlung Schlitz selbst wurde vermutlich erst hundert Jahre später in die Befestigungsanlagen einbezogen, als – möglicherweise 1265 – das Gemeinwesen Stadtrechte erhielt. In den späteren Jahrhunderten entstanden weitere Burgen, z. B. die Hinterburg, und in der Renaissancezeit die schloßartigen Erweiterungen der Hinter- und Vorderburg.

Um 1100 existierte in Schlitz ein Rittergeschlecht, das offenbar in diesem Gebiet als Vögte für die fuldischen Äbte die Verwaltungs- und Verteidigungsaufgaben (Advokatur- und Kastellanaufgaben) wahrnahm. In einer bedeutsamen Urkunde von 1116 tritt uns mit Erminold de Slitese erstmals ein Vertreter dieses Geschlechts entgegen. Er ist der Ahnherr der späteren Grafen von Schlitz genannt von Görtz. Von ihm und seiner Gemahlin Gerbirga führt ein ununterbrochener Stammbaum zu den heutigen Repräsentanten der Herren von Schlitz. Ein Abkömmling Erminolds wurde unter dem Namen Berthous 1133 zum Abt von Fulda gewählt und damit Nachfolger seiner berühmten Vorgänger Sturmius, Ratgar, Rhabanus-Maurus, Hatto und anderer. Berthous war der erste aus der Reihe bedeutender Angehöriger des Schlitzer Herrenhauses, die weit über die Grenzen ihrer Heimat hinaus bekannt geworden sind. Er war zugleich der erste Abt von Fulda, der aus einem fuldischen Dienstmannengeschlecht hervorging.

Das 13. und das 14. Jahrhundert waren außerordentlich unruhig. Die fuldischen Ministerialen, und damit auch die Schlitzer Ritter, die im Kloster Fulda wichtige Aufgaben wahrnahmen, kämpften um ihre Mitbestimmung. Sie wollten nicht mehr nur Befehlsempfänger und Lehnsträger machthungriger Äbte sein. Die Stiftsfehden begannen. Sie erreichten ihren ersten Höhepunkt mit der Strafexpedition, die Abt Berthous von Leibolz im Jahre 1265 gegen die rebellischen Rittersitze der Gegend führte. Viele Burgen des Gebietes wurden von ihm erobert und geschleift. An der Stadtburg Schlitz biß er sich jedoch die Zähne aus. Die kleine Sumpfburg Niederschlitz wurde allerdings eine leichte Beute des kämpferischen Klostervorstehers. Die Nachfolger dieses Abtes rangen weiter um ihre Stellung. Die Ritter schlossen sich unter Führung der mächtigen Grafen von Ziegenhain zum »Sternerbund« zusammen, der 1380 gegen die Kloster Hersfeld und Fulda zu Felde zog. Aus dieser Zeit stammen die meisten verlassenen Siedlungsstätten (Wüstungen) in dem Bereich zwischen Rhön, Vogelsberg und Knüll.

In Zusammenhang mit den oben genannten Fehden erhielt Schlitz vermutlich bereits im Jahre 1265 die Stadtrechte. Belegt sind diese Stadtrechte jedoch erst in Urkunden aus dem 15. Jahrhundert, die den Bürgern im Burgenring die Markt-, Brau-, Brenn- und Schankrechte bestätigten.

Alles Aufbäumen der Klosterherren gegen die Selbständigkeitsbestrebungen der Ritterschaft war letztlich ohne Erfolg. Das Lehnsverhältnis zu Fulda wurde im Laufe der Zeit zu einer nur noch losen Bindung. Aus den ehemaligen Vogteirechten, den Lehen und Verpfändungen formten sich langsam selbständige Herrschaften. Aus den Schlitzer Vögten wurden allmählich kleine Landesherren.

Das Stift Fulda bemühte sich trotzdem, die Herren von Schlitz auch noch weiter an sich zu fesseln, indem es ihnen manch ehrenvolles Amt übertrug. So findet man in der Familie der Junker von Schlitz genannt von Görtz – diese Linie hatte sich unter mehreren Verzweigungen durchgesetzt – die Würde von Marschällen, Dompröbsten und Statthaltern von Fulda. Ein Simon von Schlitz genannt von Görtz wurde im Jahre 1490 schließlich Erbmarschall der Fürstäbte. Doch das alles half nichts. Es kam die Reformation, und die beiden Brüder Friedrich und Werner von Schlitz führten im Jahre 1546 die Lehre Luthers in Schlitz ein. Als dann mit Fürstabt Balthasar von Dernbach die Gegenreformation einsetzte, hinterließ sie wie überall auch schlimme Spuren in unserer Stadt. Dies vergiftete das Verhältnis zwischen Fulda und den Junkern von Schlitz endgültig.

Nachdem die Unglücksjahre des Dreißigjährigen Krieges mit Brandschatzungen, Plünderungen, Pest und Totschlag sowie die zum Teil grausame Gegenreformation der Fuldischen im Schlitzer Gebiet überstanden waren, bestätigte der Westfälische Friede (1648) den Schlitzer Herren die politische und kirchliche Unabhängigkeit. In dem Vertrag zu Würzburg von 1656 wurden dann die letzten Bindungen der Schlitzer Ritter zu Fulda gelöst. Nach 800 Jahren Abhängigkeit von Fulda waren die Ritter von Schlitz jetzt eigene Herren in ihrem Gebiet, mit der Stadt Schlitz im Mittelpunkt und den 16 Dörfern im Umkreis. Sie hatten praktisch nur noch den Kaiser über sich anzuerkennen. Niemand außer diesem konnte ihnen noch in ihre Angelegenheiten hineinreden.

Im Jahre 1677 erhob Kaiser Leopold I. die Ritter Johann und Friedrich Wilhelm von Schlitz in den Reichsfreiherrenstand. Schlitz war zu einer kleinen Residenz geworden, und die Freiherren durften sich nun auch eigene Soldaten halten. Im

Jahre 1726 wurde dann Friedrich Wilhelm von Schlitz durch Kaiser Karl VI. zum Reichsgrafen von Schlitz ernannt. Der Kaiser honorierte damit seine Verdienste um das Reich, die sich Friedrich Wilhelm als Generalbevollmächtigter des Königs von Großbritannien und Hannover erworben hatte.

80 Jahre lang konnten sich die Grafen von Schlitz ihrer reichsunmittelbaren Landesherrschaft erfreuen. Dann kam im Jahre 1806 der Donnerschlag in Gestalt eines Machtwortes Napoleons, der seine Freunde unter den deutschen Fürsten mit Geschenken belohnen wollte. Er bestimmte, daß das Schlitzerland fürderhin zum Großherzogtum Hessen-Darmstadt gehören sollte. Aus war der Traum von der Landesherrlichkeit! Der regierende Reichsgraf Karl Heinrich Johann Wilhelm von Schlitz genannt von Görtz, der zugleich königlich-sächsischer Gesandter beim Frankfurter Bundestag war, weilte gerade in Dresden, als die Unglücksnachricht in Schlitz eintraf. Seine Schlitzer Berater schickten sofort den Oberförster Knabe in die sächsische Residenz, damit dieser seinem Grafen berichte, daß Abgeordnete der Darmstädter Regierung das Schlitzerland bereits besetzt hätten. Was wollte der Graf anderes machen als gute Miene zum bösen Spiel?

Aus der Landesherrschaft Schlitz war nun ein Teil der Verwaltungsprovinz Oberhessen geworden. Die Grafen galten nur noch als Standesherren mit einigen Gerechtsamen, auf die sie aber auch bald verzichteten. Sie beschränkten sich auf das Verwalten ihrer ansehnlichen Güter und Wälder und auf einige Patronatsrechte.

Schlitz als nordöstlicher Zipfel des Großherzogtums Hessen-Darmstadt gehörte nun zum Kreise Alsfeld. Im Jahre 1838 trat Graf Carl seine die Gerichtsbarkeit, die Polizei-, die Schul- und Kirchenaufsicht betreffenden Gerechtsame an den hessischen Staat ab. Von dieser Zeit an stand den Schlitzer Grafen auf öffentlich-rechtlichem Gebiet nur noch das kirchliche Patronatsrecht zu. Im Jahre 1852 wurde das Schlitzerland dem neugeschaffenen Kreis Lauterbach zugeordnet. Ende des 19. Jahrhunderts setzte eine wirtschaftliche Blütezeit mit reger Bautätigkeit ein. Nach den verheerenden Weltkriegen des 20. Jahrhunderts vollzog sich in Schlitz nochmals eine Bauperiode in einem bisher allerdings nicht gekannten Umfang. Als die ehrwürdige Stadtkirche am 20. September 1962 ihr 1150jähriges Weihefest feierte, hatte sich das Gesicht der geschichtsträchtigen Stadt grundlegend geändert. Nur die alten Bauwerke des Stadtkerns künden noch von einer längst vergessenen, wehrhaften und frommen Zeit.

Durch die Gebietsreform des Jahres 1972 wurden die seit 1852 nebeneinander bestehenden Kreise Lauterbach und Alsfeld als Vogelsbergkreis wieder vereinigt. Zugleich entstand die Großgemeinde Schlitz mit den 16 Dörfern als Stadtteilen.

Die Dörfer des Schlitzerlandes

Bernshausen *(Einwohnerzahl: 396)*
Geschichtliches: Bernshausen wird im Jahre 853 anläßlich einer jährlichen »Zehnten-Abgabe«, die durch Abt Hatto I. von Fulda für Pilger und Arme erhoben wurde, erstmals urkundlich erwähnt. Damals hieß das Dorf »Berenhereshusen«, was wahrscheinlich »gehörig zu den Behausungen des Berenheer« (Bernhard) bedeutet. – Während des Dreißigjährigen Krieges fiel allein in den Jahren 1625 bis 1628 ein Viertel der Einwohner (51 Menschen) der Pest zum Opfer.
Besondere Anmerkungen: Unweit Bernshausen liegt die Hehrmühle, eine der größten Mühlen im Lande Hessen. – Zur Gemarkung Bernshausen gehört der Sängersberg, mit einer Höhe von rund 500 m die höchste Erhebung des Schlitzerlandes. Auf seiner höchsten Stelle fand man die Reste eines Ringwalles, dessen Anlage vermutlich bis in die Jungsteinzeit (5000 bis 2000 Jahre vor Christus) zurückreicht. Man nimmt an, daß dort eine Fliehburg stand, in der die Talbewohner vor Unruhe und Bedrohung Zuflucht fanden.

Fraurombach *(Einwohnerzahl: 240)*
Geschichtliches: Wie wir im Aufsatz von H. Sippel bereits erfahren haben, stieß der Benediktinermönch Sturmius auf seiner Suche nach einem Klosterplatz im Jahre 743 auf die Ansiedlung Fraurombach, die damals »Ruhenbach« hieß. Dieser Name bedeutet vielleicht »Bach des Ruho«, also ein Bach, an dem zahlreiche Häher (»ruoh«) nisteten. Die Siedlung wird auch später noch in verschiedenen Urkunden genannt. Im Jahre 1301 erscheint sie im Gegensatz zu »Oberrombach« als »Niederrombach«. Die Benennung »Fraurombach« taucht 1470 erstmalig auf. Sie läßt sich aus der Tatsache erklären, daß die Kirche der Jungfrau Maria geweiht war und daß der Name daher »unserer lieben Frau zu Rombach« bedeutet.
Besondere Anmerkungen: Eine Sehenswürdigkeit stellt die Fraurombacher Kirche dar. Sie enthält wertvolle Wandmalereien, die aus dem 14. Jahrhundert stammen. Diese Fresken behandeln die Sage der »Kreuzerhöhung« durch den oströmischen Kaiser Heraklius. Auch sonst ist diese Barockkirche sehenswert.

Hartershausen *(Einwohnerzahl: 242)*
Geschichtliches: Als im Jahre 871 das Kloster Fulda eine große Schenkung von König Ludwig dem Deutschen erhält, wird unter den Gütern und Ländereien auch »Hartaradeshusen« genannt. Nähere Einzelheiten sind aber nicht aufgeführt. Erst 1281, also wesentlich später, ist von dem Bau einer kleinen Kirche die Rede. Diese Kirche wurde von einem Bischof des Deutschen Ordens, Kristan von Mühlhausen, der von 1276 bis 1295 in Fulda tätig war, geweiht. Seit 1332 gehört Hartershausen zum Schlitzerland.
Besondere Anmerkungen: Nahe bei Hartershausen am Waldabhang »Seeberg« findet man die sogenannte »Alte Mauer«. Dabei soll es sich um die Ruine einer kleinen Burg handeln, die im 13. Jahrhundert zerstört worden ist. Es gibt auch noch andere Deutungen dieser Ruine. Vielleicht handelte es sich um einen Zufluchtsturm oder einen Wachtturm. – Eine besondere Bedeutung besitzt auch der aus dem letzten Jahrzehnt des 16. Jahrhunderts stammende »Hohhof«, der im

Laufe der Zeit den verschiedensten Zwecken diente und der heute Dorfgemeinschaftshaus ist.

Hemmen *(Einwohnerzahl: 139)*
Geschichtliches: Im Jahre 1379 wird ein »Hof zu den Hemen« erwähnt. Die Bezeichnung geht vielleicht auf den Namen eines Mannes »Hemmo« zurück, der den genannten Hof besaß. Man nimmt an, daß Hemmen aus mehreren Ansiedlungen bestand, deren Bewohner teils zur Abtei Fulda, teils auch zu anderen Herren, besonders zu den Schlitzern, in einem Untertanenverhältnis standen.
Besondere Anmerkungen: Auf dem jenseits der Fulda gelegenen »Görtzeberg« oder »Kötzeberg« fand man Spuren mittelalterlicher Niederlassungen und Gräber. – Das in der Nähe von Hemmen befindliche »Steinerne Kreuz« stammt aus dem Jahre 1383 und erinnert an den Tod des Propstes Winhihlius.

Hutzdorf *(Einwohnerzahl: 605)*
Geschichtliches: Dieses Dorf wird zum ersten Mal genannt, als Abt Hatto von Fulda im Jahre 852 anordnet, daß eine Anzahl von Gütern dem Kloster Fulda Abgaben zu leisten habe. Der Name wird auf »Hazzestorp« zurückgeführt und steht sehr wahrscheinlich in Verbindung mit einem Rodungsführer »Hazzo«. Hutzdorf gehörte zum Gericht Fraurombach und kam mit diesem 1332 an die Herren von Schlitz. Im Jahre 1581 wird die Ortschaft »Huitsdorf« genannt.
Besondere Anmerkungen: Ostwärts von Hutzdorf, hinter dem ehemaligen Bahnhofsgebäude, mündet der Schlitzfluß in die Fulda. – Das Baugelände zwischen Hutzdorf und der Kernstadt Schlitz gilt zur Zeit als das größte Neubaugebiet der Großgemeinde.

Nieder-Stoll *(Einwohnerzahl: 215)*
Geschichtliches: Zum ersten Mal erscheint Nieder-Stoll im Jahre 1324 unter dem Namen »Diedenstuel« oder »Diedstollen«. 1395 findet man den Namen »Djentstullen« und 1639 im Schlitzer Kirchenbuch »Diederstollen«. – Aus den Reliquien eines Heiligen, die man beim Abbruch des aufgemauerten Altars entdeckte, darf geschlossen werden, daß die Kirche des Dorfes bereits aus vorreformatorischer Zeit stammt. Im Jahre 1866 wurde sie vollständig umgestaltet.

Ober-Wegfurth und Unter-Wegfurth *(Einwohnerzahl: Ober-Wegfurth: 88; Unter-Wegfurth: 130)*
Geschichtliches: Die beiden Dörfer haben ihren Namen von der Furt durch die Fulda, welche jahrhundertelang der einzige Zugang zum anderen Ufer war. Die beiden Ortschaften sollen schon im Jahre 751 unter Pipin, dem König der Franken, bekannt gewesen sein, der sie angeblich als »Wegefurt« dem Kloster Fulda geschenkt hat. Im Laufe der Jahrhunderte wechselten die Dörfer mehrfach ihren Besitzer. 1410 waren die Schlitzer Herren Vögte über das gesamte Gericht Wegfurth, und 1509 gingen die Ortschaften durch Kauf endgültig in ihren Besitz über.
Besondere Anmerkungen: In Ober-Wegfurth befand sich angeblich früher ein Nonnenkloster, dessen Mauerreste heute noch erkennbar sind. – In einem nahe gelegenen Waldstück liegt der »Goldstein«, ein großer Basaltblock, an den sich die Sage knüpft, daß hier die heilige Familie auf der Flucht nach Ägypten gerastet habe.

Pfordt *(Einwohnerzahl: 316)*
Geschichtliches: Von Pfordt ist zum ersten Mal im Jahre 852 die Rede, als der Abt Hatto rings-

um Güter an das Kloster Fulda für Pilger und Arme überweisen läßt. Damals hieß die Ansiedlung »Porta«, woraus auf einen Zusammenhang mit der fuldischen Klosterpforte geschlossen werden kann. Seit dem 13. Jahrhundert gehört Pfordt zum heutigen Schlitzerland.

Besondere Anmerkungen: In der Nähe des Dorfes wurden im Jahre 1906 versuchsweise Kalibohrungen niedergebracht, bei denen man in 400 Meter Tiefe auf sehr eisenreiches Salzwasser stieß. Noch heute findet sich in mehreren Gräben der Pfordter Wiesen das salzige und zugleich eisenhaltige, rotbraune Wasser, das aus diesen Bohrungen stammt. – Im Zusammenhang mit dem Bau der Rhön-Autobahn entstanden bei Pfordt riesige Kiesgruben, die sich später mit Wasser füllten und als »Pfordter Seen« ein beliebtes Erholungsgebiet darstellen.

Queck *(Einwohnerzahl: 650)*

Geschichtliches: Schon im Jahre 852 erfährt man von einer Ansiedlung »Queckaha«, die vermutlich aus mehreren Höfen bestand. Noch in späterer Zeit ist des öfteren von »Ober-Queck« und »Unter-Queck« die Rede. Der Dorfname bedeutet »schnell fließendes Wasser« und läßt sich auf die Wörter »quick« (schnell) und »Aha« (Wasser) zurückführen. Etwa im 12. Jahrhundert kam Queck als Lehen von Fulda an die Herren von Schlitz.

Besondere Anmerkungen: Zwischen Sandlofs und Queck, wo früher rechts der Fulda der alte Verbindungsweg im Tal entlangführte, entspringt eine Quelle, die mit einer Sage verbunden ist: Als sich einst Bonifatius entlang dieses Weges auf einer langen Fußreise befand, wurde er von großem Durst gequält. Da steckte er seinen Wanderstab in die Erde, und siehe da, eine

Quelle sprudelte empor! Später sprach man dem Wasser Heilkräfte zu. Heute ist die Quelle mit einem Betonring eingefaßt. Da sie abseits der heutigen Hauptstraße liegt, die sich jetzt links der Fulda befindet, ist dieser unauffällige »Bonifatius-Brunnen« weniger zugänglich und wird leicht mit dem »Pfingstborn« an der neuen Hauptstraße zwischen Hutzdorf und Queck verwechselt. – Im nahen Quecker Wald förderten verschiedene Hünengräber bei Ausgrabungen allerlei Bronzegegenstände zutage.

Rimbach *(Einwohnerzahl: 417)*

Geschichtliches: Erstmals stößt man im Jahre 1369 auf das Dorf Rimbach, das damals bereits zum Gebiet der Herren von Schlitz gehörte. Sein Name lautete zunächst »Rympach«. In der Folgezeit wird die Ortschaft verschiedentlich im Zusammenhang mit Verkäufen und Verpachtungen erwähnt. – Im Jahre 1923 nutzte man den Stau der alten Fuldamühle, die auch heute noch besteht, zusätzlich für ein modernes Elektrizitätswerk aus. Es ist nach wie vor in Betrieb.

Sandlofs *(Einwohnerzahl: 313)*

Geschichtliches: Von Sandlofs hören wir zum ersten Mal 852 in einer Urkunde des Abtes Hatto I. von Fulda. Die Ansiedlung hieß damals »Scoderolfus«, später »Sandoffs« oder »Sandolfes«. 1509/1510 erwarben die Herren von Schlitz das Dorf.

Besondere Anmerkungen: Im Jahre 1980 fand man bei der Renovierung des Kirchturmes von Sandlofs verschiedene Urkunden, die am 24. Dezember 1981 im »Schlitzer Boten« veröffentlicht wurden. Die letzte dieser Urkunden, die aus dem Jahre 1931 stammt, ist außerordentlich bemerkenswert.

Üllershausen *(Einwohnerzahl: 259)*
Geschichtliches: Von diesem Dorfe ist bekannt, daß König Ludwig II. (der Deutsche) die Ortschaft im Jahre 871 der Abtei Fulda schenkte. Damals hieß das Dorf »Ülnershausen«. Im 13. Jahrhundert kam es als Lehen, später als freies Eigentum an die Herren von Schlitz.
Besondere Anmerkungen: Früher befand sich die nach Fulda führende Landstraße auf dem jenseitigen Ufer der Fulda. Die heute noch erhaltene, schöne alte Steinbrücke verband das Dorf mit dieser Straße. – Ein historisches Bauwerk ist auch die »Zehntscheune«, die im Jahre 1979 renoviert wurde.

Ützhausen *(Einwohnerzahl: 225)*
Geschichtliches: Diese Ortschaft wird erstmals im Jahre 1282 unter dem Namen »Ottishusen« erwähnt. Später findet sich auch der Name »Utishausen«. Wie eine Urkunde von 1668 aussagt, unterstand die Gemeinde zu dieser Zeit bereits der Stadtpfarrei Schlitz. – Im Jahre 1717 suchte ein großer Brand das Dorf heim und vernichtete die Kirche und fast alle Häuser.
Besondere Anmerkungen: Die Dorfkirche gilt als einzige Fachwerk-Kirche im Schlitzerland.

Unter-Schwarz *(Einwohnerzahl: 147)*
Geschichtliches: Erste Nachrichten über die Gründung von Unter-Schwarz gehen auf das Jahr 1493 zurück. Zunächst wurde die Ansiedlung »Niederschwarz« oder auch »Altenschwarz« genannt. Das erste Gebäude scheint die Mühle gewesen zu sein. Ebenso wie in den anderen an der Fulda gelegenen Dörfern spielte in früherer Zeit die Fischerei eine erhebliche Rolle. Auch in Unter-Schwarz war ein Fischereigut, das Fische nach Fulda zu liefern hatte.

Besondere Anmerkungen: Zur Gemarkung Unter-Schwarz gehört der rechts der Fulda liegende »Richthof«. Er wurde im Jahre 1681 durch Johann von Schlitz als Sommerschlößchen erbaut. Nach seiner Erweiterung diente dieser »Richthof« seit 1849 der gräflichen Familie alljährlich als Sommeraufenthalt. Heute sind dort eine Lebensgemeinschaft und die Schlitzerländer Tierfreiheit untergebracht. – Im nahegelegenen Wald stehen die berühmten Schlitzer Lärchen.

Willofs *(Einwohnerzahl: 434)*
Geschichtliches: Der Ort Willofs wird im Jahre 852 zum ersten Male urkundlich erwähnt. Damals nannte man die Ansiedlung »Egilolfes«, was soviel wie »Wohnstatt des Egilolf« bedeutet. Später erscheint auch der Name »Willers«, beispielsweise 1466 im Zusammenhang mit einer Fehde der Brüder Simon und Ludwig von Schlitz gegen ihren Vetter Johann von Schlitz. – 1625 schleppten durchziehende Truppen die Pest ein, die von August bis Dezember nicht weniger als 67 Menschen dahinraffte. Ganze Familien starben aus. Gleichzeitig trat eine bedrohliche Viehseuche auf. Nach Einberufung eines Gottesdienstes hörte das Viehsterben schlagartig auf. Dieser Tag, der 24. November, wird in Willofs noch heute heilig gehalten. – 1746 führte die Gemeinde Willofs vor dem Reichskammergericht in Wetzlar einen Prozeß gegen die Herren von Schlitz, ein in der Geschichte der Grafschaft Schlitz einmaliger Vorgang. Es ging um Holz-, Streu- und Hüte-Rechte.
Besondere Anmerkungen: Nahe Willofs gibt es im Walde die Wüstung »Rimpers«, ein einstmals blühendes Dorf, dessen Einwohner ihre Ortschaft der Unsicherheit wegen verlassen und sich in Willofs angesiedelt haben.

Ein historischer Fotospaziergang durch die Burgenstadt

NE CREDITO CUIVIS.

SCHLITSEE

Ne simulatrici fidas Cornicula Vulpi,   Noxia credulitas multos decepit inertis

Tram nicht zu vol, du arme Krah,   Er ist nicht todt ob es schon ragt,
Und geh dem Reinigk nicht zu nah,   Glaub nicht eim Jeden der sich clagt

Älteste Ansicht der Stadt Schlitz von Osten gesehen (1626, Kupferstich)

Ein Spaziergang soll uns mit den wichtigsten und schönsten Bauwerken der Stadt Schlitz bekannt machen. Zunächst werfen wir einen Blick auf die rechts wiedergegebene farbige Luftaufnahme, die vor allem sehr deutlich den Burgenring von Nordwesten zeigt.

Wir beginnen unseren Gang im Hofe der Vorderburg. Anschließend besichtigen wir die Stadtkirche und wandern weiter zur Hinterburg mit dem Hinterturm. Als nächstes schauen wir uns die Schachtenburg an und gelangen dann auf den Marktplatz mit dem Rathaus und seinen vielen schönen Fachwerkhäusern. Vom Marktplatz aus ist auch die Ottoburg zugängig.

Nun verlassen wir den Burgenring und wenden uns den Außenbezirken der Stadt zu. Sehenswert ist der Schloßpark mit der Hallenburg und einem alten Baumbestand. Abschließend besuchen wir den oberhalb der Stadt gelegenen Friedhof mit der Sandkirche.

Die ursprüngliche Kernstadt Schlitz besaß zwei Zugänge, das Obertor und das Niedertor. Wir gehen die Hindenburgstraße entlang, wo etwa einst das Obertor stand, und erblicken vor uns das »Benderhaus«. Von dort sind es nur wenige Schritte bis zur **Vorderburg.** Sie ist die größte und älteste Burg der Stadt und besteht aus einem wuchtigen Mittelturm und zwei Seitenflügeln mit prächtigen Renaissance-Giebeln. Der Turm und der zum Obertor gelegene Flügel sind älter als der im stumpfen Winkel angebaute Westflügel. Sie stehen auf mittelalterlichen Grundmauern. Der untere Teil des Mittelturmes stammt vermutlich aus der Zeit kurz vor 1200.

Eine Freitreppe und ein kostbares Sandsteinportal, das Stilelemente aus der Spätgotik und der Renaissance vereinigt, bilden den Eingang zur Vorderburg. Sie beherbergt heute unter anderem das sehenswerte Schlitzer Heimatmuseum, einen für kulturelle Veranstaltungen verwendeten Rittersaal und einen Teil der Städtischen Verwaltung.

Im Burghof befindet sich ein offenes Brunnenhäuschen mit einem alten Ziehbrunnen. Wilhelm II., der letzte deutsche Kaiser, häufiger Gast des Schlitzer Grafenhauses, ließ dieses Häuschen für die Hohkönigsburg im Elsaß nachbilden. Im Hintergrund sieht man einen kleinen Turm mit einer Tür. Er enthält eine Wendeltreppe, die in das Gelände unterhalb der Burg hinunterführt.

Bild links oben: Das »Benderhaus«, ehemals Kornspeicher und Faßbinderei

Bild links unten: Brunnenhäuschen und Treppentürmchen

Farbbild rechts: Die Vorderburg von Süden gesehen. Vorne links das »Hotel Vorderburg«

Auf diesen beiden Seiten unterbrechen wir unseren Rundgang durch den Burgenring und zeigen einige Aufnahmen von schönen Fachwerkhäusern aus anderen Bereichen der Stadt.

Bild links oben: Das 1858 erbaute Lachmannsche Fachwerkhaus in Hutzdorf

Bild rechts oben: Fachwerkwinkel Günthergasse/Siebertshof in Schlitz

Bild links unten: Fachwerkhäuser »Hinter der Hainbuche«

Bild rechts unten: Fachwerkgiebel und Barockdächer am Stadtberg

Zwei Bilder aus Schlitz, wie es früher war

Bild rechts oben: Günthergasse mit Sengelbach

Bild rechts unten: Idyllischer Winkel am Sengelbach (Von den älteren Schlitzern »Dämper« genannt)

Unser Weg führt uns weiter zur **Stadtkirche,** einem der merkwürdigsten Baudenkmäler des Hessenlandes. Im Laufe der Jahrhunderte hat man sie mehrmals umgestaltet und vergrößert. Der älteste Bau wurde am 20. September 812 von Erzbischof Richolf von Mainz der heiligen Margaretha geweiht. Das frühgotische Fenster der Gruftkapelle stammt aus dem 14. Jahrhundert.

Farbbilder der Stadtkirche bei verschiedener Beleuchtung

Ganzseitiges Bild links: Die Kirche im Frühdunst eines Spätsommermorgens

Bild oben: Die Südseite der Kirche im Nachmittagslicht

Bild rechts unten: Frühgotisches Fenster der Gruftkapelle

Einzelheiten über die Stadtkirche erfährt man aus dem Aufsatz von Dr. V. Puthz.
Wir geben hier nur vier besonders schöne Teilaufnahmen wieder.
Im Inneren der Kirche hat man in 6 Grüften und mehreren Einzelgräbern die sterblichen Überreste von 45 Mitgliedern der Schlitzer Grafenfamilie gefunden. Davon sind 26 Grabmäler noch erhalten.

Ganzseitiges Bild links: Die Portalvorhalle (Renaissance-»Paradies«) auf der Südseite der Kirche aus dem Jahre 1505

Bild oben links: Knospenkapitell an der Westpforte der Kirche

Bild oben rechts: Die romanische »Apsidiole« aus der Zeit um 1200

Bild unten rechts: Grabsteine von Görtz und von Eberstein 1489 (links) sowie der Margarete von Schlitz geb. von Elkershausen (rechts)

Inzwischen haben wir die **Hinterburg** erreicht, deren Hauptgebäude in reinem Renaissance-Stil (1561-1565) errichtet ist.

Farbbild links: Renaissance-Giebel des Hauptgebäudes der Hinterburg

Bild oben: Längsfront mit Treppenturm

Bilder rechts: Gesamtansicht der zur Hinterburg gehörenden Gebäude und alte Zeichnung (etwa 1895) derselben Ansicht

Die linke ganzseitige Abbildung zeigt den zur Hinterburg gehörenden **Bergfried,** von den Schlitzern auch »**Hinterturm**« genannt. Das angrenzende Gebäude ist das älteste der zur Hinterburg gerechneten Häuser. Eine überdachte Holzbrücke führt zum Turm hinüber und diente früher als Zugang. Seit 1954 gibt es stattdessen einen elektrischen Aufzug, der es heute auch älteren Menschen ermöglicht, den schönen Rundblick über die alte Stadt von der Turmhöhe aus zu genießen.

Wir wandern weiter zur **Schachtenburg.** Sie wurde im Jahre 1557 durch Elisabeth von Schachten erbaut, einer Tochter des Junkers Werner von Schlitz und Witwe des Wilhelm von Schachten, eines hessischen Marschalls.

Die Schachtenburg besteht aus zwei reichgegliederten Fachwerkhäusern. Rechts oben neben dem von uns abgebildeten Portal sieht man die Wappen der Familien von Görtz und von Schachten, und darüber erkennt man eine Spottmaske, einen sogenannten »Breilekker«. Sie gehörte wahrscheinlich zu einem der Stadttore oder zu einer der älteren Burgen, wo solche Masken den Feind verspotten sollten. – Es gibt auch andere Auslegungen für die Bedeutung des »Breileckers«.

Ganzseitiges Farbbild links: Der Bergfried (»Hinterturm«) mit dem zweiten Gebäude der Hinterburg

Farbbild rechts oben: Die zwei Fachwerkhäuser der Schachtenburg

Farbbild rechts unten: Portal der Schachtenburg mit Wappen und »Breilecker«

An der Schachtenburg vorbei gelangen wir durch eine kleine Gasse auf den schönen alten **Marktplatz.** In der Mitte des Platzes sehen wir den Marktbrunnen mit seinem runden Sandsteinbecken. Er stammt aus dem 16. Jahrhundert. Die Brunnenfigur ist wesentlich jüngeren Datums (1930). Man nennt sie im Volksmund »Bornschorsch«, weil sie den Heiligen Georg verkörpert.

Das **Rathaus** reicht in seinen älteren Teilen noch bis in die spätgotische Zeit zurück. Drei Bogenportale und ein Dachreiter mit doppelter Haube heben das Rathaus gegenüber den anderen Häusern hervor und lassen es als solches leicht erkennen.

Halbseitiges Bild oben: Der Marktplatz mit dem Rathaus und dem Marktbrunnen

Vierteilige Farbseite rechts:

Links oben: Rathaus von der Kirche aus gesehen

Rechts oben: Gäßchen »Am Stadtberg«. Dort stand früher das Niedertor oder Untertor

Links unten: Malerischer Winkel am »Krämpelmarkt«

Rechts unten: Fachwerk und Blumenschmuck am »Siebertshof«

Vom Marktplatz aus schauen wir uns schließlich die **Ottoburg** an, in der heute die Schlitzer Jugendherberge untergebracht ist. Genauso wie die anderen Burgen, ruht die Ottoburg auf dem Fundament der Ringmauer. Von der ebenfalls mit dem Namen »Ringmauer« bezeichneten Straße, die unterhalb der Ottoburg vorbeiführt, muß man dieses Bauwerk auch noch gesehen haben, da es von dort einen ganz anderen Anblick bietet. Die Ottoburg, heute ein frühbarockes Schloß, entstand in vier Bauabschnitten. Der älteste Teil der Ottoburg ist der obere Zierturm, der ursprünglich ein Flankierungsturm der Zwingermauer war und als solcher schon auf die Zeit der Stadtbefestigung, also auf die Mitte des 13. Jahrhunderts zurückgeht. Fertiggestellt wurde die Burg jedoch erst im Jahre 1681.

Bild oben links: Die Ottoburg vom Marktplatz aus gesehen

Bild unten links: Die Ottoburg von der Ringmauer aus gesehen

Ganzseitiges Bild rechts: Südlicher Zierturm der Ottoburg

Die großflächige Luftaufnahme aus dem Jahre 1973 zeigt uns die Kernstadt Schlitz und einige der zu ihr gehörenden Dörfer bzw. Stadtteile, umsäumt von der waldreichen hessischen Mittelgebirgslandschaft.

Im einzelnen erkennt man besonders die Stadtteile Hutzdorf, Sandlofs und – ganz links hinter dem Wald – Queck.

Im Rahmen der Kernstadt Schlitz sind der Burgenring und alle markanten Gebäude deutlich zu sehen. Die Schlitzer Bürger werden in den meisten Fällen auch ihre eigenen Wohnhäuser und Betriebsstätten wiederfinden.

Luftaufnahme der Stadt Schlitz und ihrer Umgebung von Südwesten aus

Bild oben: Die Hallenburg vom Schlitzfluß aus gesehen (Ostseite)

Nachdem wir die Kernstadt besichtigt und uns an Hand der Luftaufnahme nochmals einen Überblick über Schlitz und das Schlitzerland verschafft haben, suchen wir jetzt den am Schlitzfluß gelegenen Schloßpark mit dem Schloß **Hallenburg** auf. Dies ist ein Landhaus im klassizistischen Stil, dessen Name von der Flurbezeichung »die Hall« stammt. Im 16. Jahrhundert ausgebaut, war die Hallenburg seit der Zeit des Grafen Friedrich-Wilhelm von Schlitz (1647-1728) ständiger Wohnsitz der gräflichen Familie. 1954 hat Graf Otto-Hartmann die Hallenburg der Stadt geschenkt, die dort bis 1978 ihr Gymnasium unterbrachte.

Bild oben: Die Sandkirche auf dem Friedhof

Wir verlassen den Schloßpark in Richtung Damenweg, sehen die zur Max-Planck-Gesellschaft gehörende Limnologische Flußstation liegen und werfen noch einen Blick auf das beheizte Schwimmbad, die Campinganlagen und den Bootsteich. Dann wandern wir zurück und wenden uns dem Nordteil der Stadt mit dem höher gelegenen Friedhof zu. Dort betrachten wir die **Sandkirche.** Sie wurde 1612 erbaut und ist eine der ältesten Querkirchen Deutschlands. Die kürzere Querachse ist hier die Hauptachse der Kirche. An der Außenwand sind zwei barocke Gedächtnismale (Epitaphe) angebracht.

Ein buntes »Bilderbuch« über Schlitz wäre
unvollständig ohne Bilder über das Trachtenfest. Das Fest selbst wurde bereits an anderer Stelle (im Aufsatz »Fremdenverkehr«) erwähnt. Hier zeigen wir Bilder über die Trach-
ten, das Festgeschehen auf dem Marktplatz
und den Festzug mit dem Hintergrund des
Burgenringes.

Bild oben: Festzug anläßlich des Trachtenfestes

Vierteilige Farbseite links:

Links oben: Kinder in Schlitzer Tracht

Rechts oben: Erwachsene in Schlitzer Tracht

Links unten: Marktplatz bei Tage (Trachtenfest)

Rechts unten: Marktplatz bei Nacht

Dieses letzte Bild unseres farbigen Buchteiles läßt uns noch einmal durch das Tor des Friedhofes auf die Stadt Schlitz hinabschauen.

Farbbild links: Blick auf Schlitz durch das Friedhofstor

Die Schlitzer Stadtkirche

Von Dr. V. Puthz

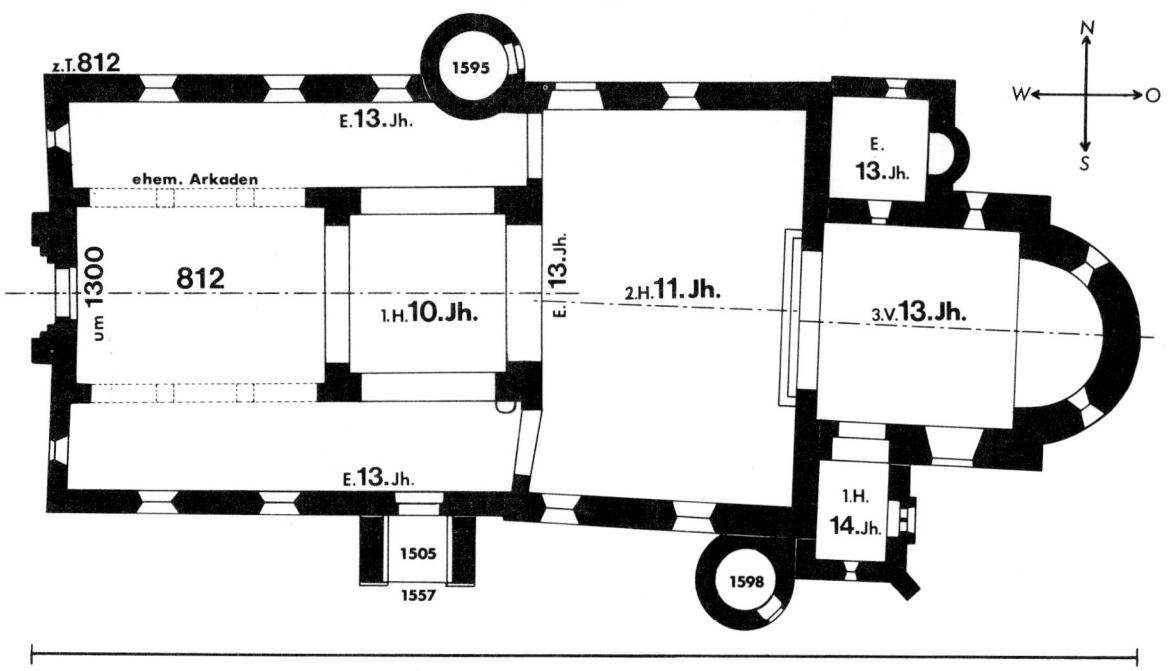

Grundriß der Schlitzer Stadtkirche mit Entstehungszeiten der verschiedenen Bauteile. E = Ende, H = Hälfte, V = Viertel. (nach Weyrauch, P., 1981)

Von wo auch immer der Besucher unsere Stadt erreicht: die evangelische Stadtkirche fällt ihm sofort auf. Eingerahmt von Burgen steht sie im Mittelpunkt von Schlitz, auf der Höhe des Stadtberges und gehört zu den prägenden Bestandteilen der malerischen Silhouette dieser Stadt (vgl. Umschlag). Deshalb widmen wir ihr einen eigenen Abschnitt unseres Buches.

Daß es sich hier um ein ganz besonderes, merkwürdiges und in Hessen einzigartiges Bauwerk handelt, werden Sie, lieber Leser selber feststellen, wenn Sie die folgenden Überlegungen mitvollziehen: Vergleichen Sie bitte das Farbfoto auf S. 30 mit dem Kupferstich von 1626 (S. 24). Was fällt Ihnen auf? – Die heutige Kirche steht an einem Hang, der über eine Strecke von fast 39 m (Kirchenlänge) ein Gefälle von 2,90 m aufweist, wie Sie leicht überprüfen können, wenn Sie einmal um unsere Kirche herumgehen. Die erste Schlitzer Kirche wurde nachweislich vor mehr als 1100 Jahren errichtet und war erheblich kleiner als das heutige Gebäude: An welcher Stelle dieses Hanges hätten Sie diese erste Kirche gebaut?

Beim Vergleich der Fotos mit dem alten Kupferstich dürften Ihnen unterschiedliche Dachgestalten und Firsthöhen aufgefallen sein. – In die Lage eines Bauherren um 800 n. Chr. versetzt, dürften Sie »Ihre Kirche« wohl auf den Gipfel des Stadtberges und nicht unterhalb von ihm, an den Hang, gebaut haben –: trotzdem war man noch vor kurzem davon überzeugt, daß der älteste Bau weit unten am Hang gestanden habe.

Dies sind zwei Beispiele, die beweisen können, daß unsere Schlitzer Stadtkirche ein merkwürdiges Bauwerk ist. Daß es sich aber auch um ein bemerkenswertes Kunstdenkmal handelt, können Sie selber feststellen, wenn Sie mir auf einer kleinen Führung folgen wollen. Zuerst jedoch noch wenige Vorbemerkungen:

Unsere Kirche darf mit einem Organismus verglichen werden, der im Laufe seines Lebens herangewachsen ist, verändert wurde und sich in seiner Gestalt der jeweiligen Zeit angepaßt hat. Viele Spuren dieser Lebensgeschichte: romanische, gotische, solche der Renaissance, des Barock und auch der Gegenwart sind noch heute klar zu sehen, andere überdeckt, manche verschüttet und mehrere auch zerstört. Eine gründliche und kluge Kirchenrenovierung in den Jahren 1963-1966 hat das bis dahin gültige Bild von der Baugeschichte der Schlitzer Stadtkirche grundlegend verändert.

Was Sie hier erfahren, lieber Leser, stützt sich im wesentlichen auf jüngst veröffentlichte Untersuchungsergebnisse des Kirchenarchitekten Dipl. Ing. Peter Weyrauch. Das dabei berücksichtigte Material besteht aus schriftlichen, d. h. urkundlichen, und bildlichen Quellen und aus den Bauteilen: Material, Gestalt, Anordnung der Teile im Gefüge; beide erlauben zahlreiche exakte Aussagen und mehrere Vermutungen, sie beantworten aber noch nicht alle möglichen Fragen.

Beginnen wir mit unserem Rundgang im Nordwesten (vgl. Grundriß, S. 49). Zwischen Vorderburg und Benderhaus führt uns eine gepflasterte Gasse auf den Kirchenvorplatz, von wo aus wir diese Bauteile sehen: In der Mitte den Turm, dessen quadratischen Unterbau wir von außen nicht erkennen können und der auch von einem vorgelagerten kleineren Treppenturm zur ehemaligen Nordempore verdeckt würde. Der Turm zeigt oben einen gotisch-achteckigen Aufsatz und darüber den 30 m hohen Spitzhelm auf meisterlichem Fachwerkskelett; die freigelegte Inschrift »Georg 1604 Solms« bezeugt die damalige Umgestaltung, vor allem den Aufbau einer schalltechnisch vorteilhaften Glockenstube. Westlich vom Turm liegt dann das dreifenstrige Westhaus, östlich von ihm ein ziemlich schmaler, einfenstriger Bauabschnitt, der ursprünglich Querbau mit ganz anderer Dachgestalt war (vgl. S. 24). An ihn schließen sich eine Seitenkapelle (heute Sakristei) und der Chor mit halbrunder Apsis an.

Das Gebiet um Schlitz gehörte seit dem 9. Jahrhundert zum Besitz des Klosters Fulda. Unter dessen baufreudigem Abt Ratgar wurde in karolingischer Zeit auf dem Schlitzer Stadtberg eine dreischiffige Pfeilerbasilika errichtet, die am 20. September 812 vom Erzbischof Richolf von Mainz der hl. Margaretha geweiht wurde. Dieses kleine Kirchlein stand auf der höchsten Stelle des Stadtberges, Reste sind im Westteil der heutigen Kirche enthalten. Wenn Sie Ihren Blick auf das Profil der Westfront richten, wird Ihnen einmal auffallen, daß diese, aufgrund des statisch problematischen Kirchturmes, nach außen geneigt bzw. gedrückt erscheint, an der Ecke bemerken Sie dann unten verwitterte und oben scharfe Steinkanten; in diesem nordwestlichen Teil der Außenmauer wurden etwa 10 Quadratmeter regelmäßigen, vermutlich karolingischen Mauerwerkes festgestellt. Betrachten Sie die Westfront von oben, so sehen Sie das reich gegliederte Westportal: ein frühgotisches, vierstufiges Portal, die Säulchen mit Knospen- und Blattkapitellen (s. S. 33); das Giebelfeld enthält ein neuromanisches Relief, welches anläßlich des elfhundertjährigen Kirchweihjubiläums 1912 von Emil Friedrich von Schlitz, genannt von Görtz, Bildhauer und Kunstakademiedirektor in Weimar, geschaffen wurde. Neben dem Portal bemerken Sie in der Außenwand einige nicht verputzte Sandsteine: Reste der Eckquaderungen der ursprünglichen, ehemals niedrigeren Basilika.

Wenn wir nun weiter, auf die Südseite gehen und diese etwa vom Gemeindehaus oder von der großen Linde des Kirchplatzes aus überblicken (s. S. 31), so können wir wieder Turm, Westhaus, Querbau, einen kleineren Treppenturm zur ehemaligen Südempore und Chor unterscheiden, außerdem fallen uns aber ein mittlerer Portalhallenvorbau und eine romanisch-gotische Seitenkapelle auf.

Schauen wir genauer hin, so wird uns deutlich, wo der östliche Querbau seinen Abschluß findet: rechts von der Portalvorhalle sehen wir nämlich die Südwestkante dieses Baues (s. a. S. 32); wie auch die anderen Ecken des Querbaues zeigt sie sog. Plattenecken, hier in 5,50 m Höhe, das sind mit Steinplatten gefaßte Gebäudeecken, die – auch weil selten – für den Baugeschichtler ein wichtiges Indiz zur zeitlichen Einordnung eines Baues bilden und in unserem Falle darauf hindeuten, daß der Querbau in der 2. Hälfte des 11. Jahrhunderts errichtet wurde. Über den Platten-

ecken finden wir kleinformatige Eckquadern, die die Erhöhung des Querbaues im 12. Jahrhundert zeigen. Der Querbau hat übrigens ursprünglich frei gestanden, alle im Laufe der Zeit angegliederten Bauteile schließen stumpf an ihn an.

An der rechten Außenwand der Portalvorhalle (S. 32) bemerken wir in gotischen Buchstaben die Inschrift »In dem iar als min zalt Im CCCCC fuinf iar«: diese Vorhalle wurde nämlich von der Frau des 1504 gestorbenen Simon von Schlitz genannt von Görtz gestiftet und an denjenigen Teil der Kirchensüdwand angebaut, der das Westhaus mit dem Querbau verband; man beachte das heute wieder freigelegte, aber nahezu vollständig verbaute Spitzbogenfenster aus der Zeit um 1300 – Indiz für die alte Südwand. Die Datierung der Portalvorhalle wird auch von den sechs Wappenschilden bestätigt, die wir im inneren, gotischen Sterngewölbe finden, und zwar durch ihre bedeutungsträchtige Anordnung: in der Querachse liegen sich gegenüber das Schlitzer Wappen und ein Schild mit der Abkürzung »ihs« (+ Kürzel für »us«), d. i. »Jesus«, Simon wird also im Himmel gesehen. – Daß diese Vorhalle – wie auch anderswo – einstmals als Gerichtsstätte diente, zeigen die beiderseitigen Innenbänke, die nicht etwa zum Ausruhen müder Kirchenbesucher gedacht waren, wie vielleicht jemand denken könnte.

Die spätgotische Vorhalle trägt einen Renaissance-Blendgiebel, der uns an die Giebel der Vorder- und Hinterburg erinnert (s. Umschlag), die nach 1560 entstanden sind. Eine wenig auffällige Inschrift »1557 A.G.WME HG.«, zwei Quadern unter der oben genannten gotischen Inschrift, macht als Baudatum das Jahr 1557 wahrscheinlich. Der lateinische Giebeltext (deutsch: Wer Du auch bist, tritt ein; höre: hier wird einzig und allein Christus durch Christus zu Christi Lob verkündet) legt ein eindeutiges Bekenntnis zur Reformation ab und ist ein Beweis dafür, daß schon zu dieser Zeit lutherischer Gottesdienst in Schlitz praktiziert wurde. Die Veränderung des Gottesdienstes vom (ursprünglich) katholischen Meßgottesdienst zum (jetzt modernen) lutherischen Predigtgottesdienst hat auch noch weitere Folgen für die Umgestaltung des Kircheninnenbaues gehabt, z. B. anderer Ort des Altars und der Kanzel.

Wir setzen nun unseren Rundgang fort und gelangen zur südöstlichen Barbarakapelle, einem Bauteil mit rechteckigem Grundriß, einem bemerkenswerten, statisch unnötigen, jedoch seinerzeit modischen Strebepfeiler in der Südostecke, einem spätromanischen Rundbogenfenster mit Werksteinfassung, aus rotem Sandstein und mit einem nachträglich vorgebauten, frühgotischen Erker, der ein kompliziertes zweiteiliges Maßwerkfenster besitzt (S. 31). Für die zeitliche Einordnung sind die Sockel wichtig: am Strebepfeiler der Barbarakapelle zwei Paßstücke (Zwickel) aus einem Stück, in den Erkerwinkeln zwei Steine, mit Mörtel verbunden; ebenso der Chorsockel, der unter die Kapellenostwand reicht und mit deren Sockel durch Mörtel verbunden ist. Chor und Barbarakapelle sind also nicht gleichzeitig entstanden, die Kapelle wurde in der ersten Hälfte des 14. Jahrhunderts an den Chor angebaut. Dem sorgfältigen Betrachter dürfte auch auffallen, daß für diese Bauteile verschiedenes Sandsteinmaterial verwendet wurde.

Wenn wir jetzt von Südosten aus allmählich um den Chor herumgehen – das W-O-Gefälle der Kirche wird uns dabei besonders bewußt –, so sehen wir noch verschiedene kleine Fenster zu jetzt geschlossenen gräflichen Grüften, bleiben

dann aber auf einmal erstaunt stehen, erblicken wir doch an der nordöstlichen Seitenkapelle (Sakristei) ein Architekturteil, das uns so gar nicht zu einer Kirche zu passen scheint: die sog. Apsidiole (= kleine Apsis, kleiner, halbkreisförmiger, kuppelüberwölbter Erker; s. S. 33). Es handelt sich hier um ein Architekturelement, das ursprünglich an Kreuzritterburgen im Nahen Osten entwickelt wurde, im 12. und 13. Jahrhundert aber auch bei uns als modische Erscheinung auftaucht, allerdings fast ausschließlich an Burgkapellen.

Die kleine Seitenkapelle ist übrigens erst nach der Errichtung des Querbaues entstanden (Indiz dafür: z. B. das Dachprofil der Kapelle, das, nach einem Winkel, stumpf an die Eckquadern des Querbaues anschließt) und offenbar zu einem Zeitpunkt, als auch der alte Westteil der Kirche umgestaltet wurde. Man hat nämlich nahe dem jetzigen Nordfenster, das erst 1876 gestiftet wurde, kleine, vermauerte Rundbogenfenster entdeckt, in deren Umrahmung man ungewöhnliche, künstlerisch bearbeitete Steine, sogenannte Spolien fand, das sind aus anderen, älteren Bauteilen übernommene Architekturstücke.

Insgesamt konnten in der Kirche sechs solcher Spolien gesichert werden: (1) ein Rosettenstein, (2) ein Kämpferkapitell = oberer, mit einer Platte versehener, unterschiedlich gestalteter Abschluß eines Pfeilers, (3) ein Frauenkopf mit rückwärtiger Platte (früher in die Wand eingelassen), (4) ein Profilstein, (5) ein Türanschlag mit Riegelöse und (6) eine Steinplatte mit Ornamenten aus dem 9. Jahrhundert; (1) bis (4) an der Sakristei, (5) und (6) an anderen Bauteilen der Kirche, (2) und (3) jetzt im Schlitzer Heimatmuseum. Diese später anderweitig verbauten Architekturreste dürften aus der ursprünglichen

Basilika stammen, die etwa um 1300 verändert wurde, wobei man wertvolles Steinmaterial nicht wegwarf, sondern für Umbauten verfügbar hielt. Lassen Sie uns jetzt durch das Westportal in die Kirche eintreten und uns dort auf einer Bank ausruhen. Wir bleiben gleich im Westhaus: Grabungen haben hier die Pfeilerfundamente der ursprünglichen Ratgarbasilika einwandfrei nachgewiesen, es wurde sogar ein kompletter Basilikapfeiler mit originalem Bogenansatz gefunden, und zwar dort, wo Sie jetzt, den Spieltisch der Orgel im Rücken, die Empore mit dem NW-Turmpfeiler zusammenstoßen sehen. Pfeiler und Arkaden (Bögen) der Basilika sind übrigens 1766 herausgebrochen worden. Das Schiff dieser Basilika endete dort, wo jetzt die Turmpfeiler stehen, unter dem Turm dürfte sich eine Apsis befunden haben, die jedoch nicht mehr nachweisbar ist.

Daß die heutige Kirche einen Organismus darstellt, der erst allmählich aus verschiedenen Bauteilen zusammengewachsen ist, wird uns unmittelbar einsichtig, wenn wir vom Westhaus in den jetzigen Chor schauen: der Blick wird uns verstellt durch den Turm, der West- und Ostbau trennt. Diese Trennung war ursprünglich noch viel stärker, als nämlich die niedrigen Seitenschiffe der Basilika in Höhe des Turmes blind endeten und als der offene Triumphbogen erheblich tiefer lag; die Achsenbögen wurden 1561 um mehr als zwei Meter erhöht (s. freigelegte Jahreszahl am Ostbogen), und zwar als Folge der Einführung der Reformation, die den Meßgottesdienst durch Predigtgottesdienst ersetzte. Die Seiten der alten Basilika dürften erst Ende des 13. Jahrhunderts zum Querbau hin verlängert worden sein, vorher gelangte man in die aus den Teilen Westhaus, Turm und Querbau verbundene Kirche durch einen südlichen Eingang am Turm, wofür auch das aus einem einzigen Stein gefertigte, am SO-Pfeiler des Turmes befindliche Weihwasserbecken spricht.

Dieses zentrale Stück der Kirche ist wiederholt verändert worden, einmal, um alle Bauteile nahtloser miteinander zu verbinden, dann aber auch mehrfach als Folge der architektonischen Veränderungen, die das Gebäude einstürzen lassen wollten. Hingewiesen werden soll hier nur auf die 1713 erfolgte Erhöhung der N-S-Bögen (Datum im Nordbogen), wir betrachten dazu genau den SW-Pfeiler und finden dort verschiedene Bogenansätze und, von unten nach oben, dreierlei Art der Steinbearbeitung; weiter auf die 1964 in die Wandteile seitlich des Turmes gebrochenen Öffnungen, die über den Südeingang versetzte Orgel und die Stahlbetonkonstruktion der neuen Westempore zur Stabilisierung des Baukörpers. Im Querbau setzen wir uns jetzt wieder, und zwar vorn in die erste Reihe, ganz rechts: vor uns, freigelegt in der Wand, ein Teil des ursprünglichen Einganges zur Barbarakapelle, ein holzgeschnitzter, spätgotischer Kruzifixus aus dem 15. Jahrhundert und der ebenfalls spätgotische Taufstein von 1467, bei dem uns die gotische Schreibweise der halben 8 für die 4 auffällt. Dieser Taufstein hat eine aufregende Vergangenheit: offenbar während der Bildersturmzeit (16./17. Jahrhundert) zerschlagen, überdauerte der Kopfteil als Blumenkübel im Pfarrhof, wurde dann 1881 mit einem neu gefertigten Sockel wieder aufgestellt. Bei einer kurzen Grabung 1912 stößt man auf zwei größere Steine, die man für Pfeilerfundamente der romanischen Basilika erklärt, deren genauen Ort im Gesamtbau man jetzt gefunden habe. Diese bei Renovierungsarbeiten 1964 vollständig ausgegrabenen »Steine«

erweisen sich als originaler Taufsteinfuß, der nach über dreihundert Jahren nun wieder mit seinem Kopfteil ein echtes Ganzes bildet, und als eine große Grabplatte, die heute an der südlichen Innenwand des Querbaues aufgestellt ist. Wenn wir unseren Blick jetzt nach oben wenden, bemerken wir die barocke, von Stukkateuren aus Nidda geometrisch und farbig gestaltete Decke aus dem Jahr 1639 mit drei Deckenfeldern, die durch zwei Unterzüge geteilt werden. In der Mitte: ein Pelikan mit Jungen (Symbol für Liebe und Opfertod Christi), das Schlitzer Wappen und der Doppeladler: er zeigt den Anspruch der Schlitzer Herren auf Reichsunmittelbarkeit. So enthält diese bemerkenswerte Decke einerseits das Bekenntnis zur Reformation, andererseits aber auch ein politisches Programm.

Zum Schluß schauen wir in Chor und Apsis, wo uns das gotische Kreuzgewölbe und mehrere prächtige Renaissance-/Barock-Grabdenkmäler der gräflichen Familie auffallen (z. B. S. 33). Ein weiteres, großartiges Barock-Epitaph, für Johann Volprecht von Schlitz genannt von Görtz und seine Gattin Anna geb. Riedesel zu Eisenbach, nimmt die deswegen zugemauerte West-

wand der Barbarakapelle ein, die heute dafür einen nördlichen Zugang besitzt und den gräflichen Kirchenstuhl enthält. In dieser Kapelle befindet sich auch die Nachbildung einer ehemals in Fulda gewesenen Grabplatte für Simon von Schlitz mit der ältesten Darstellung des Wappens derer von Schlitz und die Grabplatte des berühmten, 1719 in Stockholm enthaupteten Schwedengörtz, Georg Heinrich von Schlitz genannt von Görtz, Minister Karls XII., mit dem von ihm selbst verfaßten Sinnspruch: Mors regis fides in regem mors mea (Des Königs Tod und die Treue zum König sind mein Tod). In der gegenüberliegenden Sakristei werden zwei Kaseln, das sind Meßgewänder, aus dem 14. und 15. Jahrhundert aufbewahrt.

Wenn wir weiter durch den Kircheninnenraum gehen, werden uns noch die bunt verzierte, barocke Schaufront der im übrigen modernen Orgel und mehrere Grabplatten aus dem 15. bis 19. Jahrhundert auffallen.

Lassen wir alles in Ruhe auf uns wirken, und erfreuen wir uns immer wieder an dem lebendigen Geist, der über alle Zeiten hinweg diese Kirche einen lebendigen Organismus hat sein lassen!

Interessantes und Amüsantes aus der guten alten Zeit

Von E. Decher

Menschen bestimmen die Geschichte, und Menschen machen Geschichten, und wenn sie gut sind, so erzählt man sie nach Jahren noch. In einer kleinen Stadt wie Schlitz, wo früher wohl jeder jeden kannte, wußte man vom Nachbarn sicherlich, was dieser im Kochtopf hatte. Man war sich näher, und man trug des anderen Leid mit, und man nahm auch an seiner Freude teil. Es soll ja früher alles viel besser gewesen sein als heute; das mag in vielen Dingen stimmen. Man lebte ruhiger, man nahm nicht wie heute am Weltgeschehen hautnah teil; erst nach längerer Zeit erfuhr man, daß irgendwo in der Türkei ein Krieg stattgefunden hatte. Nun ja, der war ja inzwischen zu Ende. Man war sich selbst näher, eingebettet in die meist zahlreiche Familie, ausgefüllt durch die tägliche Arbeit auf dem Felde, in der Handwerksstube und bei sonstiger Tätigkeit. Abends saß man zusammen und besprach Notwendiges oder was in der Stadt bekannt geworden war. Aus früherer Zeit wurden Erinnerungen durch Generationen weitergetragen, Geschichten und Anekdoten machten die Runde, oder es war auch nur eine Neuigkeit, die den täglichen Trott interessanter und amüsanter machte.

In der Folge sind derartige kleine Geschichten, Begebenheiten und Ereignisse zusammengetragen, die vielleicht ganz unabhängig voneinander letzten Endes doch ein Ganzes sind und ein Abbild dessen geben, was Charakter und Mentalität einer Einwohnerschaft ausmacht. In diesem Sinne mögen die folgenden Zeilen mit dazu beitragen, das Bild unserer Stadt und ihrer Bewohner zu ergänzen und abzurunden.

Türkentaufe

Die Schlitzer Grafen waren zumeist aufgeschlossene Männer mit Weitblick und Weltoffenheit. Sie waren Offiziere oder Minister in auswärtigen Diensten und kamen auf diese Weise weit in der Welt herum. Im Jahre 1687 hatte ein Graf Görtz aus Wien einen jungen Türken mit nach Schlitz gebracht. Am 7. Juni 1687 wurde dieser durch die heilige Taufe in das Christentum aufgenommen. Er war, so die Chronik, durch den schrecklichen, verheerenden Türkenkrieg mit nach Deutschland gekommen und dem damaligen Oberpfarrer zur Unterweisung im Christentum übergeben worden. Nachdem der »heilsbegierige« Jüngling die hinreichenden Religionskenntnisse erlangt hatte, wurde die Taufhandlung vorgenommen. Die erbetenen Taufpaten waren:

1. Obrist und Erbmarschall von Riedesel zu Eisenbach,
2. Obrist von Riedesel zu Stockhausen,
3. Herr zu Dörnberg auf Herzberg,
4. Herr Präsident zu Görtz und seine beiden Söhne,
5. Herr Collator und Erbmarschall zu Fulda,
6. Der ganze Ehrenfeste Rath der Stadt Schlitz.

Der Täufling wurde auf den Namen Johann Georg Ludwig getauft. Weiter ist überliefert, daß der Herr Präsident Görtz den jungen Christen zum Vorreiter ernannte und mit nach Kassel nahm. Leider überfiel ihn dort eine »hitzige« Krankheit, der er unterliegen mußte. Zu gleicher Zeit war auch eine junge Türkin am fürstlichen Hofe zu Kassel, die aber nicht zum Christentum überging, vielmehr dem jungen Christen fortwährend heimlich zuredete, er möchte doch als ein Türke und nicht als ein Christ sterben. Dadurch wurde der Kranke so aufgebracht, daß er seiner Landsmännin eine tüchtige Maulschelle gab.

Eine französische Flotte auf der Fulda

Im Dreißigjährigen Kriege und im Siebenjährigen Kriege hatten Schlitz und das Schlitzerland sehr durch Truppenbelegungen und Truppendurchmärsche zu leiden. Daß die Franzosen jedoch während des Siebenjährigen Krieges die Fulda zu einem Schiffahrtsweg machen wollten, ist weniger bekannt. Straßen und Wege waren seinerzeit miserabel, und Transporte dauerten unter großen Schwierigkeiten zumeist sehr lange. Ohne Nachschub aber konnte auch damals kein Heer bestehen. Deshalb ist es auch naheliegend, daß die Franzosen auf die Idee kamen, die Flußläufe als Transportwege zu benutzen. So erging am 7. Oktober 1761 an das Hochstift Fulda der Befehl des französischen Marschalls Brogilio, 20 Stämme Holz fällen zu lassen zur Erbauung von 12 Schiffen, von denen ein jedes 60 Fuß in der Länge, 4 Fuß 6 Zoll in der Bodenbreite und 7 Fuß in der oberen Weite haben sollte. Das sind metrisch ausgedrückt etwa 18 bis 20 Meter Länge und 2,50 Meter obere Breite. In dem Befehl heißt es, daß dieses Holz nach Pfordt zu liefern sei, die Schiffbauer selbst sollten von Fulda aus gestellt werden und in französischem Solde stehen. Nägel, Eisen und sonstiger Beschlag sollten aus den Magazinen in Hersfeld kommen, ebenso auch die Taue. Jedes Schiff sollte mit allem Segelwerk und komplettem Geschirr auf französische Kosten ausgerüstet und durch besoldete königliche Schiffsleute hin- und hergefahren werden, um die notwendige Fourage bewerkstelligen zu können. Der Grafschaft Schlitz wurde der Bau von 5 Schiffen befohlen. Da die Fulda bekanntlich einiges Gefälle hat, von Hemmen bis Unter-Wegfurth rund 25 Meter, gingen die Franzosen mit aller Energie daran, zahlreiche Schleusen zu errichten, darunter im Schlitzerland allein vier, nämlich bei Hemmen, Pfordt, Fraurombach und Rimbach. Die noch heute dort vorhandenen Schleusenwälle erinnern an jene Zeit. Die Fuldaer hatten ihre Schiffe geliefert, jedoch die Schlitzer waren noch nicht fertig, als sich das Kriegsglück wandte und die Franzosen durch den Herzog Ferdinand von Braunschweig zum Rückzug gezwungen wurden. Mit den Schiffen schafften die Franzosen ihr Gepäck bis nach Sandlofs. Die Auslieferung der Schiffe an den Braunschweiger Herzog wurde durch den Frieden zu Hubertusburg vereitelt. Und damit war auch der Traum von der Fulda als Schifffahrtsweg ausgeträumt.

Die Schlitzer Eisenbahn

Aus dem Versuch, die Fulda schiffbar zu machen, wurde nichts. Es wurde auch nichts daraus, in der zweiten Hälfte des vorigen Jahrhunderts die Bahnstrecke Fulda – Bad Hersfeld durch das Schlitzerland zu führen. Den Wunsch der Bevölkerung, ans Schienennetz angeschlossen zu werden, schob man immer wieder hinaus. Er ging erst 1898 durch den Bau der Strecke Schlitz – Bad Salzschlirf, die heute nur noch dem Güterverkehr dient, in Erfüllung. So ist auch das nachstehende Gedicht zu verstehen, das aus Anlaß des Baues einer Feldbahn auf der Bleiche der Weberei Langheinrich veröffentlicht wurde. Mit der Feldbahn gelangten die Leinenstücke zur Rasenbleiche, wodurch die Schlitzer Erzeugnisse sich auszeichneten.

Man hat so oft und viel gelesen:
»Nach Schlitz kommt eine Eisenbahn«.
Bald hierin und bald dort gemessen,
Auch abgesteckt mehrmals den Plan.
Doch, wie so oft es geht im Leben,
Da wo viel Köpf' und Wünsche sind,
Tut oft der beste Plan nichts geben,
Sodaß man spricht: »Es war nur Wind!«
Sodaß zu Wasser auch geworden
Die Hoffnung, die man sich gemacht,
Weils nicht nach Wunsch war ander Orten.
An Schlitz heißt's, wird zuletzt gedacht.
Doch der Beweis tat neu erstehen,
Man kann, will man den Zweck erreichen:
Wollt eine Eisenbahn ihr sehen
So könnt ihr das auf Langheinrichs Bleichen.

Herrschaftliche Hammel

Was gräflich war, wurde »herrschaftlich« genannt, so ergab sich auch das Inserat, das ein
biederer Metzgermeister im Jahre 1898 im
»Schlitzer Boten« veröffentlichte: »Prima Ham-
melfleisch von erster Sorte Herrschaftlicher
Hammel bringe ich in empfehlende Erinnerung.«

Stimmenfang mit Freibier

Bei Wahlen zum Gemeinderat, Kreistag oder
Landtag wurde in Schlitz schon immer scharf ge-
rungen. Solche Wahlen schlugen hohe Wellen in
der Bevölkerung, und es wurde von den verschiedenen Gruppen mit allen Möglichkeiten und
Mitteln um die Gunst des Wählers gekämpft. Im
Oktober 1901 gab es Ergänzungswahlen zum
Gemeinderat unserer Stadt. Ein Wahlaufruf
schloß damals wie folgt: »Mitbürger! Seit mehreren Jahren und auch jetzt wieder ist bei den Ge-
meindewahlen die Unsitte eingerissen, daß vor
der Wahl durch Gewährung von Freibier in ge-

wissen Kreisen Stimmung für Kandidaten gemacht werden soll. Dieser Unsitte muß jeder
rechtlich denkende Mann dadurch entgegentre-
ten, daß er einem derartigen Kandidaten von
vornherein seine Stimme versagt. Die Euch vor-
geschlagenen Kandidaten sind bescheidene
Männer, die nicht von Wirtshaus zu Wirtshaus
laufen und durch leere Versprechungen, welche
später nicht gehalten werden, sowie durch Gewährung reichlichen Freibieres Stimmen fangen
wollen. Beweist, daß Freibier nicht Trumpf ist!«
Zu einer Reichstagswahl im Jahre 1912 schreibt
ein Wähler in Verbindung mit einer Wahlanzeige:
»Vor den Wahlen nichts als Milde, nur das Wohl
des Volks im Schilde, nach den Wahlen, ach wie
bald, Nase hoch und Miene kalt!«

Vill Getrommel un kei Soldate!

Kaiser Wilhelm II. war häufiger Gast im Schlitzer
Grafenhaus. Oft ist er ganz allein in Jägeruni-
form in die umliegenden Wälder gegangen und
hat sich leutselig mit den ihm begegnenden
Menschen unterhalten. Dabei ist auch nachstehende Episode geschehen. Der Kaiser war den
Tempelberg hinangestiegen, und als er auf der
anderen Seite, wo der Berg steil zum Fulda-Tal
abfällt, aus dem Walde kam, begegnete ihm ein
Bäuerlein aus dem benachbarten Dorfe Pfordt.
Der Kaiser wußte nicht genau, wo er war und
fragte daher den Bauern nach dem nächsten
Weg zum Schloß Hallenburg, dem Wohnsitz des
Grafen. Der Bauer hatte den Kaiser nicht erkannt, da er ihn noch nie gesehen hatte, dachte
sich aber, daß der Mann in der neuen Jägeruni-
form doch wohl zum Gefolge des Kaisers gehören müsse und sagte zu ihm: »Na, Ihr seid sicherlich auch einer von denen, die beim Kaiser
in Schlitz sind!« Das sprach der Bauer natürlich

in seinem Schlitzer Dialekt, denn Hochdeutsch konnte er nicht. Der Kaiser aber verstand den Mann und gab sich nicht zu erkennen. Er begann ein Gespräch mit ihm und fragte, ob er auch Soldat gewesen sei. Da sagte dieser, daß er 1866 und 70/71 mitgemacht habe. Der Kaiser fragte ihn daraufhin, wie es ihm denn da gefallen habe. Darauf bekam Majestät jedoch eine Antwort, die ihn einigermaßen verblüffte, denn der Bauer sagte: »Ach, in 1866 war nicht viel los mit den Preußen, die haben zwar viel getrommelt, aber sie hatten zu wenig Soldaten!« Man muß wissen, daß Schlitz in Hessen liegt, und die Hessen kämpften damals auf der Seite der Österreicher gegen die Preußen. Im Kriege 1870/71 in der Kronprinzenarmee habe es ihm dann besser gefallen, gab der Pfordter zu verstehen. Dieses Erlebnis erzählte der Kaiser in Schlitz, und man kam auf die Idee, den Bauern ins Schloß zu bitten. Dort gab es eine große Überraschung für ihn, als er den Kaiser neben dem Grafen Emil stehen sah und erkennen mußte, daß es dieser Mann war, mit dem er sich am Vortage so ungeniert unterhalten hatte. Der Kaiser schenkte ihm nach gastlicher Bewirtung ein Bild. Neben seiner Unterschrift hatte er hinzugesetzt: »Viel Getrommel und keine Soldaten!«.

Export-Artikel: Angelscheine aus Schlitz

Die Schlitzohrigkeit der Schlitzer fand eine Bestätigung im Jahre 1975, als eine findige Stadtverwaltung samt Bürgermeister herausfand, daß man mit Angelscheinen das Ideelle mit dem Materiellen verbinden kann.

Was war geschehen? Durch die Gebietsreform war die Stadt Schlitz in den Besitz von Fischereirechten gekommen und dadurch auch zum Recht der Ausstellung von Angelscheinen. Das wurde bald bekannt, besonders im angrenzenden Bayern, wo zur Erlangung eines Angelscheines eine Prüfung verlangt wurde, und die hatte sich »gewaschen«, wie die Bayern sagten. Da Fischereirecht zwar Ländersache ist, ein einmal ausgestellter Fischereischein aber im ganzen Bundesgebiet Gültigkeit besitzt, sprach sich bald herum, daß man bei der ausstellenden Behörde in Hessen noch nicht einmal den Wohnsitz im gleichen Bundesland nachweisen mußte. Es verbreitete sich also geschwind, wo man die lästige Prüfung umgehen konnte, und in Schlitz merkte man nicht weniger schnell, daß sich mit den Bayern das große Geschäft machen ließ. Und sie kamen, zuerst aus dem benachbarten Unterfranken, und dann rollte die Lawine auch aus weiter südlich gelegenen Gefilden, bis von Oberbayern her, nach Schlitz. Sie kamen sogar mit Bussen, und bei der Gebühr für den Schein blieb es nicht, es mußte auch ein Foto neuesten Datums sein, das natürlich schnell in Schlitz gemacht wurde, und die Brotzeit durfte auch nicht fehlen, denn seit den frühesten Morgenstunden stand man am Rathaus Schlange, so daß die Stadtverwaltung sogar Überstunden einlegte, um dem Wunsch der Petrijünger gerecht zu werden, und vor allem, um noch rechtzeitig möglichst viele Fischereischeine auszustellen, ehe – und das geschah dann auch – von höchstobriger Stelle in München verfügt wurde, daß in Schlitz ausgestellte Scheine nur ein Jahr lang gelten. Die Schlitzer hatten jedoch ihr Schäfchen auf dem Trockenen und konnten mit den »erangelten« Geldern ihren Anteil zur Umgestaltung des Freibades leisten, das nun allen Besuchern zur Verfügung steht, auch den vielen Bayern, die sich keineswegs übers »Schlitzohr« gehauen fühlten.

Das Schlitzer Leinen

Von K. Depenbrock

Eine Chronik schreibt nur derjenige, dem die Gegenwart wichtig ist. (Goethe).

Die Geschichte des Leinens ist unergründlich und spannend wie die der Menschheit. Man nimmt an, daß die Urheimat des Flachses in den Niederungen des Kaukasus liegt und Indogermanen ihn auf ihren Wanderungen verbreiteten. Im alten Ägypten entwickelte sich schon 4000 Jahre vor Christi Geburt eine besondere Leinenkultur, wie sie kein anderer Rohstoff je wieder erlebte. Leinen galt als Sinnbild des Lichtes und der Reinheit – war die einzig denkbare Kleidung der Priester und wurde von den Phöniziern, Babyloniern, Griechen, Römern und Germanen gleichermaßen geschätzt.

So hat sich über Jahrtausende ein Hausgewerbe entwickelt – mit althergebrachten Arbeitstechniken, die von Generation zu Generation weitervererbt wurden. Natürlich waren die Geräte sehr einfach – Spinnrad und Webstuhl wurden erst im Mittelalter erfunden.

Flachs wurde überall in Deutschland angebaut und zu Leinen verarbeitet. Aber schon früh haben sich einzelne wichtige Produktionsgebiete herausgebildet, ausgesprochene Leinengebiete wie das Münsterland, der Tecklenburger und Osnabrücker Raum, das ostwestfälische Gebiet Minden / Ravensberg, am Niederrhein und – im Oberhessischen Schlitzerland.

Die Flachspflanze ist ein Tiefwurzler, sie verlangt einen tiefgründigen und wasserdurchlässigen Boden, dessen Vorkulturen genügend Nährstoffe übriggelassen haben, sowie häufige Niederschläge. Heute findet man die blau oder weiß blühenden Flachsfelder in Deutschland nicht mehr. Die uns am nächsten liegenden Anbaugebiete sind in den Niederlanden, Belgien und Frankreich.

Verarbeitet wird der Flachsstengel – genauer die Rindenschicht mit den Basträngen, die aus Faserbündeln bestehen. Ein äußerst mühsamer und zeitraubender Verarbeitungsprozeß – Raufen, Riffeln, Rösten, Brechen, Schwingen, Hecheln – führt endlich zum Spinnen und somit zum webfertigen Garn. Während die größeren Bauern Leinengarn überwiegend für den eigenen Bedarf herstellten, spannen kleinere bereits im frühen Mittelalter auch gegen Lohn. So bildete sich der eigenständige Beruf des Webers heraus, der das Garn bezog und die fertigen Gewebe verkaufte.

Märkte entwickelten sich in den Städten, und bald entstanden weitere neue Berufe, zunächst der des Leinenhändlers, dann der des Verlegers. Dieses Verlagssystem, bei dem der Verleger immer nur für den Absatz, manchmal auch für den Rohstoff, selten jedoch für eine kontinuierliche Beschäftigung der freien Handweber sorgte, brachte die überwiegend im Haupterwerb tätigen »Produzenten« oft in eine Abhängigkeit. Besaß der Heimweber keinen direkten Zugang mehr zum Markt, so bestimmte der Verleger Qualität und Preis, der Verdienst reichte oft nur zum Notwendigsten, obwohl Kinder ab 5 Jahren selbstverständlich mitarbeiteten.

Spottlieder entstanden:

»Der Leineweber schlachtet alle Jahr zwei Schwein,

das eine ist gestohlen, das andere ist nicht sein.«
Oder:

»Die Leineweber nehmen keinen Lehrling an, der nicht mindestens 6 Wochen fasten kann.«
In Würzburg mußten die Leineweber sogar helfen, den Galgen aufzustellen, deshalb:

»Die Leineweber haben eine saubre Zunft, am Galgen oben ham's ihre Zusammenkunft.«
In den aufblühenden Städten entwickelten sich zunächst kleine Leinewebergilden – Zünfte, die durch strenge Prüfung eine hohe Warenqualität garantierten. Jedes Gewebestück mußte einer Schauanstalt – der sogenannten »Legge« – vorgelegt werden. Nur Leinen der festgelegten einwandfreien Qualität bekam den begehrten Leggestempel. Streng waren die Vorschriften und hart die Strafen für den Verkauf ungeprüfter, schlechter Qualität.

Auch die Schlitzer Leineweber haben sich schon früh zunftmäßig zusammengeschlossen. Ende des 18. Jahrhunderts gehören 500 Meister mit 170 Gesellen und über 700 Webstühlen dazu.

Bis zu diesem Zeitpunkt spielten neben den Großhändlern auch die Aufkäufer eine wichtige Rolle. Sie zogen in Hessen und Franken von Haus zu Haus, kauften die vornehmlich in Oberhessen gewebten besten und begehrtesten Leinwandsorten auf und brachten sie zu den Messen, so nach Frankfurt in das mächtige »Leinwandhaus« am Ufer des Maines; jedes Stück Leinen mit dem Namen und Zeichen des Herstellers versehen.

Im 18. Jahrhundert wurde aber auch der Niedergang dieses alten Hausgewerbes eingeleitet: In England entsteht die erste mechanische Spinnmaschine mit Dampfmaschinenantrieb, 1785 wird der mechanische Webstuhl erfunden – der Siegeszug der Technik ist nicht aufzuhalten. Maschinengesponnenes Garn aus England erobert den deutschen Markt – preiswerteres, in stets gleichbleibender Qualität. Große Not der Hand-Spinner – die Handweber profitieren zunächst von den günstigeren Garnpreisen, jedoch nicht lange, dann bringt die fabrikmäßig betriebene mechanische Weberei auch sie in ähnlich schlechte Situation.

In diese Zeit – 1832 – fällt die Gründung eines Unternehmens, an dessen 150jähriger Firmengeschichte beispielhaft aufgezeigt werden soll, wie sich aus der Schlitzer Leinenmanufaktur die Schlitzer Leinenindustrie entwickelte: Die **Weberei Gg. Langheinrich.**

Als die ersten Maschinenwebereien gegründet wurden, hatte die Heimweberei in Schlitz schon eine lange Tradition. Die Schlitzer Leinenweberei war bekannt und leistungsfähig. Damastgewebe aus Schlitz hatten einen guten Ruf. Trotzdem – an Klippen und Schwierigkeiten, starken und stärksten Störungen hat es zu keiner Zeit gefehlt. Bemerkenswert ist jedoch, wie vielseitig solche Hemmnisse in ihrer Ursache und ihren Wirkungen, und wie lebendig und erfinderisch die Kräfte der Abwehr waren.

Der Anfang 1832 war mühsam. Als Georg Gottlieb Langheinrich, aus Hof in Bayern kommend, in Schlitz mit der Produktion und dem Vertrieb von Leinenerzeugnissen begann, mußte er sich nebenbei noch als Spezereikrämer, Ellenwarenhändler und Branntweinzapfer betätigen. Offenbar war es nötig, um sich »über Wasser zu halten«.

Die Einführung der Gewerbefreiheit, beginnend mit der Gründung des deutschen Zollvereins, brachte auch bei Langheinrich eine positive Entwicklung: Zum ersten Mal wurden auf einer Großherzoglichen Gewerbeausstellung Schlitzerländer Webereierzeugnisse unter dem Namen dieser Firma mit einer Medaille ausgezeichnet. Das Unternehmen wuchs – und konnte auf der Weltausstellung in Paris 1867 ebenfalls eine Medaille entgegennehmen. Die weitgehende Anerkennung der hochwertigen Damaste führte zu bedeutenden Aufträgen.

1878 – wurden bereits 240 Mitarbeiter im Schlitzerland beschäftigt, mit der Herstellung von Tischzeug, Damasten, Servietten, Zwirntuchen, Hand-, Geschirr- und Scheuertüchern.

1879 – Erweiterung der firmeneigenen Bleichanlage an der Schlitz.

1880 – Errichtung der ersten Weberei, von den Handwebern »die Fabrik« genannt.

1884 – Eintragung der heute noch bestehenden Schutzmarke als Gütezeichen.

1893 – Erfolgreiche Teilnahme an der Weltausstellung in Chicago.

1897 – Bau der ersten mechanischen Weberei in Schlitz.

Der Schritt von der Manufaktur zur Industrie war getan. Kurz danach waren es 200 Mitarbeiter in einem Unternehmen, das von der deutschen Reichsregierung den Auftrag erhielt, für die Weltausstellung 1900 in Paris ein »Prunktafeltuch nebst Servietten« herzustellen, das als »Hugdietrichs Tafeltuch« in die Geschichte der Leinenweberei einging.

Zu diesem Zeitpunkt – die Gründerjahre in der Leinenweberei waren eigentlich schon vorbei – faßten zwei tüchtige Mitarbeiter der Firma Langheinrich unabhängig voneinander Entschlüsse, die für die weitere Entwicklung der Schlitzer Leinenindustrie und darüber hinaus für das Schlit-

zerland bis heute von wesentlicher Bedeutung waren.

Der Leinen-Kaufmann Georg Baumgärtner gründete 1901 zunächst mit einem Partner die **Weberei Woelm & Baumgärtner,** die bald 50 Handweber im Schlitzerland beschäftigte. 1904 – jetzt aber als Alleininhaber – wird die **Firma Gg. Baumgärtner** als mechanische Weberei errichtet und in mühevoller Arbeit weiterentwickelt. Kurz vor dem 1. Weltkrieg stellten sich die Erfolge ein, die in den Jahren 1914 bis 1918 nicht gehalten werden können. Doch nach Kriegsende beginnt erneut eine positive Entwicklung, die sich – von situationsbedingten Schwankungen abgesehen – bis Ende der 50er Jahre fortsetzt. Das hervorragende Qualitätsniveau der Erzeugnisse führt in die besten Ausstattungshäuser Deutschlands.

Doch dann geht der Umsatz des Fachhandels in diesen qualitativ erstklassigen Erzeugnissen ständig zurück – Großabnehmer diktieren die Preise. Ein Schrumpfen erscheint unabwendbar. Ein Ausweichen auf andere textile Produkte verspricht keinen Erfolg. Ein zweites Bein muß gefunden werden: Eine Metallverarbeitung entsteht zunächst neben der Weberei unter dem gleichen Dach. 1970 wird die Weberei aufgegeben – die äußerst mutige und schwierige Produktionsumstellung ist vollzogen. Die Metallwarenfabrik Baumgärtner schafft sich neue Märkte.

Kehren wir zurück zur Jahrhundertwende – und zu dem anderen Mitarbeiter der Firma Langheinrich, dem Webmeister Johann Kruppert, der 1908 die **Weberei Johann Kruppert** schuf. Er begann mit vier mechanischen Webstühlen und führte das Werk erfolgreich durch Zeiten des Auf und Ab. Das angesehene Unternehmen der Schlitzer Leinenindustrie – im Besitz der Gründerfamilie – ist heute ein wichtiger Hersteller hochwertiger Spezialgewebe aus verschiedenen Rohstoffen mit einem unbestrittenen Platz im Markt und weitergehenden unternehmerischen Aktivitäten.

1933 gründete ein weiterer Langheinrich-Mann – Curt Stiller, bisher dort technischer Leiter, die Firma »**Schlitzer Leinenindustrie Stiller & Co.**« – In kleinem Rahmen wurden zunächst nur Bettuch-Stoffe gewebt, später bis in die Kriegsjahre hinein kriegsbedingte Artikel. Nach Rückkehr Stillers aus der Gefangenschaft wurde nach dem Bau einer erweiterten Betriebsstätte das Programm auf Tischdecken in Jacquard und Schaft gewebt und neben Halbleinen schon sehr frühzeitig Synthetik-Garne in die Fabrikation einbezogen.

Nach Curt Stillers Tod im Jahre 1973 übernahm **Anton Driessen** den Betrieb. Unter seiner und seiner Söhne Leitung wurde der Betrieb technisch auf den neuesten Stand gebracht. Von entscheidender Bedeutung war, daß zur bestehenden Weberei-Produktion eine weitere Stufe, nämlich ein moderner Ausrüstungsbetrieb, angeschlossen wurde. Dadurch konnte die Produktion technischer Gewebe und modischer Tischdecken weiter ausgebaut und den stets wachsenden Ansprüchen des Marktes gerecht werden. Der Abnehmerkreis wurde über das Bundesgebiet hinaus auf Österreich, die Schweiz, Belgien und die Niederlande ausgedehnt.

Und noch eine neue Gründung ist hier zu verzeichnen: In der Zeit des Mangels nach dem 2. Weltkrieg machte sich der aus Schlitz stammende Textilingenieur Johannes Wahl mit einer Weberei für Einlagestoffe, Popeline, Bett- und Küchenwäsche selbständig. Nach über 25-jährigen Tätigkeiten in und für die Textilindustrie in Mittel- und Ostdeutschland gründete er mit seinem Partner Otto Gerlich im April 1949 die Mechanische Weberei Otto Gerlich & Co.KG, die später in die heutige **Mechanische Weberei Schlitz Wahl GmbH & Co.KG** umbenannt wurde. Bald beschäftigte man etwa 50 Mitarbeiter in der Vorbereitung, Weberei, Putzerei und Bügelei.

In den 50iger Jahren wurde die Abteilung Raumtextil auf- und ausgebaut, die zunächst Dekorstoffe aus Leinen und später abgepaßte Tischdecken aus Leinen und Halbleinen herstellte und vertrieb. In den 60iger und insbesondere in den 70iger Jahren fand eine zunehmende Verlagerung der Aktivitäten des Unternehmens auf die inzwischen ausgebaute Näherei statt. Aus einer Weberei war inzwischen ein Konfektionsbetrieb geworden.

Heute stellt das Unternehmen Tischwäsche aus Leinen-, Baumwoll- und Mischgeweben her, die überwiegend an den Facheinzelhandel in der Bundesrepublik, Österreich und der Schweiz verkauft wird. Eine Spezialität ist dabei die »maßgeschneiderte Tischdecke«. Darüber hinaus ist das Objektgeschäft über den Handel ein wichtiges Betätigungsfeld. In der Weberei hat man sich dagegen heute ganz auf die Anfertigung von Geweben für den Stickereibedarf spezialisiert.

Der Vollständigkeit wegen sollen noch einige Namen erwähnt werden, die mit der Entwicklung der Schlitzer Leinenindustrie eng verbunden waren, deren Betriebe jedoch heute nicht mehr existieren oder übernommen wurden:

Weberei »Schlitzer Textilwerke« – Ph. Frank –
Weberei Höpfner
Weberei Altstadt
Weberei Wilhelm Bloch
Bleicherei u. Weberei Bloch & Zinßer

Bleicherei u. Weberei Schul & Schoemann
Bleicherei Habicht
Bleicherei Kaiser
Bleicherei u. Weberei Joh. Diehl.

Aber auch andere Handwerkszweige waren an der Entwicklung der Schlitzer Textilindustrie maßgeblich beteiligt: So bauten die Schlitzer Schlossermeister Spulmaschinen, Webstuhlregulatoren, Drellmaschinen u.s.w.; die Schreinermeister bauten Handwebstühle und Webschützen; Blattmacher siedelten sich an, überhaupt wurde das gesamte Webereizubehör hier angefertigt.

Doch zurück zu **Langheinrich,** in die Zeit nach der Jahrhundertwende. Die Erweiterung des Betriebes wurde fortgesetzt, die **Bleicherei und Weberei Bloch & Zinßer** sowie die »**Schlitzer Textilwerke**« erworben und mit ihrer Belegschaft in das Langheinrich'sche Unternehmen eingegliedert. Der 1. Weltkrieg beendete jedoch auch hier vorerst jede weitere Expansion. Aus dem alten Handwerk aber war eine Industrie entstanden.

Ein neuer Abschnitt begann: **Langheinrich** wurde 1921 von der **Kolb & Schüle AG, Kirchheim/Teck** übernommen – eine im weiteren Verlauf der Entwicklung für das Unternehmen lebenswichtige Maßnahme von außerordentlicher Tragweite. Doch zunächst – Galoppierende Inflation! Mit der rechtzeitig geschaffenen Verrechnungsmark der deutschen Leinenindustrie verhinderte der sogenannte »Spinner-Weber-Vertrag« größere Zusammenbrüche.

Der Schlitzer Kompensationshandel: Leinsaat von Langheinrich an die Landwirte, Rohflachs zurück und über die Aufbereitungsanstalt bei Spinnereien gegen Rohgarn eingetauscht, ließ das Schlimmste verhüten. Doch um die Beschäftigungslage war es nicht zum Besten bestellt.

1925 – Die Deflationskrise; Kurzarbeit und Betriebsstillegungen waren die Folge. Durch die Weltwirtschaftskrise 1929 kommt es 1932 zur fast vollständigen Produktionseinstellung. Nur wenige Mitarbeiter konnten im Jahr des 100-jährigen Bestehens stundenweise beschäftigt werden.

Nach 1933 setzte ein gewisser wirtschaftlicher Aufschwung ein. Im Laufe dieser Entwicklung wurde der technische Bereich modernisiert und das Produktionsprogramm der veränderten Marktlage angepaßt. 1939 – Totale Mobilisierung der deutschen Wirtschaftskräfte für den totalen Krieg bis hin zur totalen Niederlage . . .

Der Zusammenbruch von 1945 ist nicht mit 1918 zu vergleichen, denn damals war der Lebens- und Wirtschaftsraum im wesentlichen unversehrt geblieben. Ludwig Erhard, unser späterer Wirtschaftsminister und Bundeskanzler sagte es später so: »Deutschland war in einem Maße vernichtet und in ein derartiges Chaos verwandelt, daß niemand es sich vorstellen kann, der es nicht mit eigenen Augen gesehen hat.«

Der Neuanfang war schwer, es sollte noch bis zum September 1949 dauern, bis die Jacquardweberei, das Herz des Unternehmens, wieder zu arbeiten begann. Die Folgejahre sind geprägt von einem überaus großen Nachholbedarf. Ende der 50iger Jahre machen sich erste Sättigungserscheinungen im privaten Textilverbrauch bemerkbar. Schwerer wiegen allerdings die Veränderungen in den Lebensgewohnheiten, die dem Wäscheschrank samt Aussteuer keine zentrale Bedeutung mehr beimessen.

Eine Neuordnung des Fabrikationsprogrammes und auch der Absatzpolitik wird erforderlich, denn: nicht nur Importware aus Ostblock- und

Drittländern, sondern auch die Einkaufskonzentration im Handel verlangen andere Strategien: Eine wesentliche Voraussetzung für das Eindringen in neue Absatzmärkte ist außer hoher Qualität zu günstigen Preisen eine äußerst schnelle Lieferfähigkeit, wie sie der seit 1961 laufende 3-Schichten-Betrieb ermöglicht. Zu diesem Zeitpunkt wurde die gesamte Weberei maschinell in einem Zug erneuert und auf den modernsten Stand gebracht. In den weiteren Jahren wurden neben dem Neubau und neuer Maschinenausstattung der Konfektion die durch den Betrieb rund um die Uhr hart beanspruchten Webmaschinen innerhalb von 20 Jahren noch zum zweiten Mal gegen die neuesten Automaten ausgetauscht.

Im Hinblick auf die Auflagen und Forderungen des Umweltschutzes wurde dann 1980 die Betriebsstätte »Bleiche und Ausrüstung« von Grund auf neu gestaltet. Im Rahmen dieser Zielsetzung wurde die um 50 % gesenkte Abwassermenge, durch Rauchgase der Kesselhäuser neutralisiert, in die städtische Kläranlage eingeleitet. – Das Ziel der Energieeinsparung durch Wärmerückgewinnung wurde ebenso erreicht. Die neue Maschinenanlage entwickelt in den Arbeitsräumen keinen Dampf mehr und spart dadurch erstens Energie und vermeidet zweitens eine Belästigung der Arbeitnehmer. In den mit Recht heute so oft angesprochenen Bereichen »Umweltschutz« und »Humanisierung der Arbeitsplätze« wurde hier also ein echter Fortschritt erzielt.

Tradition und Fortschritt – in lebendiger Synthese vereint – hat sich für die Schlitzer Leinenindustrie als äußerst fruchtbares Prinzip erwiesen. Gewiß, der Weg war weit, vom einfachen, durch Muskelkraft betriebenen Webstuhl, der nur ungemusterte Gewebe herstellen konnte, über den Schaftstuhl, der bereits geometrische Muster bildete, bis zum modernen Jacquardautomaten, der jede Schattierung bindungstechnisch weben kann, auf den Faden genau zu dem, was den Namen Schlitz in der Welt zu einem Begriff machte: »Das Schlitzer Leinen«.

Heute werden natürlich nicht nur Leinen- oder Halbleinen-Gewebe hergestellt. Baumwolle und die modernen synthetischen Fasern werden entsprechend ihren Vorzügen in verschiedenen Einsatzgebieten seit Jahren verarbeitet. Hier haben Konkurrenz und Absatzmarkt entscheidende Maßstäbe gesetzt. Trotzdem bleibt »Qualität« das große Zauberwort, vom Kunden beschworen und hierzulande als Verpflichtung empfunden. Denn, der Markt allein entscheidet! Heute und in Zukunft. Eine Zukunft, die mit tiefgreifenden Problemen wahrscheinlich nicht einfach die Verlängerung einer gut überstandenen Vergangenheit sein wird.

Bildteil:
Ebenso wie die Firma Langheinrich als größte Schlitzer Leinenfabrik im Textteil unserer Darstellung stellvertretend als Beispiel zugleich für die anderen Schlitzer Leinenfirmen geschildert wurde, erscheint es sinnvoll, diese Firma auch in unserem Bildteil wieder als Beispiel heranzuziehen, um daran den typischen Fabrikationsweg des Leinens zu veranschaulichen. In unserer Bildreihe werden wir dem Leser jetzt also den Werdegang eines Leinenfabrikats von der Idee bis zum fertigen Produkt vor Augen führen.

Bildseite rechts: Die Leinenweberei Gg. Langheinrich, Abt. der Kolb & Schüle A.G.

Oben: Werk I: Weberei

Mitte: Werk II: Konfektion und Verwaltung

Unten: Werk III: Bleiche und Ausrüstung

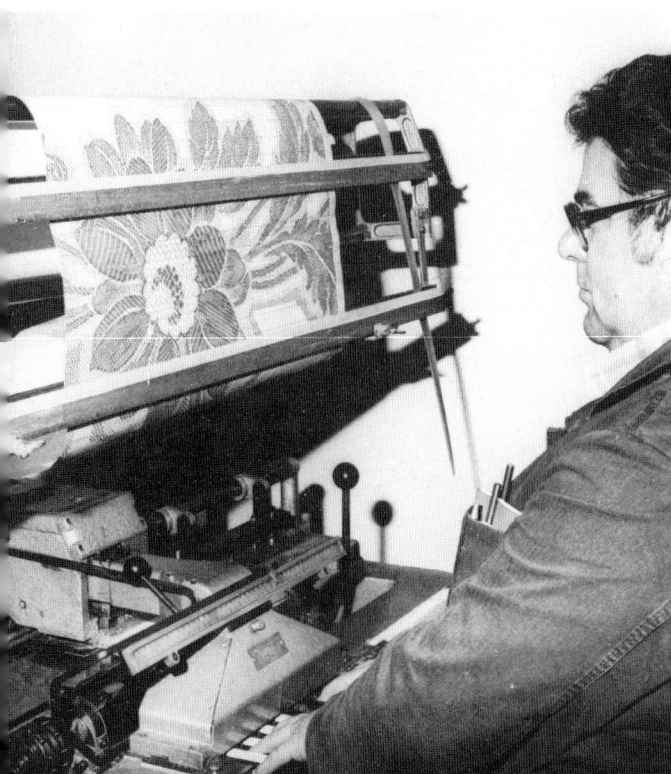

Bildseite links
Links oben: Am Anfang steht die Idee, ein Entwurf des Designers, Erfolg oder Flop?

Rechts oben: Jetzt beginnt der technische Weg – eine kostenintensive Straße.
Der „geniale Entwurf" wird auf Patronenpapier übertragen – überdimensional.

Links unten: In der „Kartenschlägerei" entsteht die Jacquard-Karte, eine Lochkarte, die später Faden für Faden steuert.

Rechts unten: C.M. Jacquard hat dieses Verfahren 1805 erfunden, um die feinen Muster des edlen Damastes in allen Formen der Bindungstechnik auf dem Webstuhl herstellen zu können.

Bildseite rechts
Rechts oben: Das Garn kommt auf großen Kreuzspulen aus der Spinnerei und wird im sogenannten Vorwerk der Weberei für den anschließenden Webprozeß vorbereitet. – Ein Gewebe besteht aus Kettfäden, dem Längsfadensystem, und Schußfäden, dem Querfadensystem. In Kurzform: Kette und Schuß. – Der Schuß wird mit dem Webschützen als kreuzender Faden zwischen die Kette „hindurchgeschossen". In der Schußspulerei muß das Garn von den großen Kreuzspulen deshalb zunächst auf die kleinen Schußspulen übertragen werden.

Rechts unten: In der Schärerei entsteht aus den vom Schärgatter ablaufenden Fäden der Kreuzspulen die Webkette. Die Webkette wird – Fadenband neben Fadenband – auf die Schärtrommel gewickelt und schließlich auf den Kettbaum übertragen, der dann dem Webstuhl vorgesetzt wird.

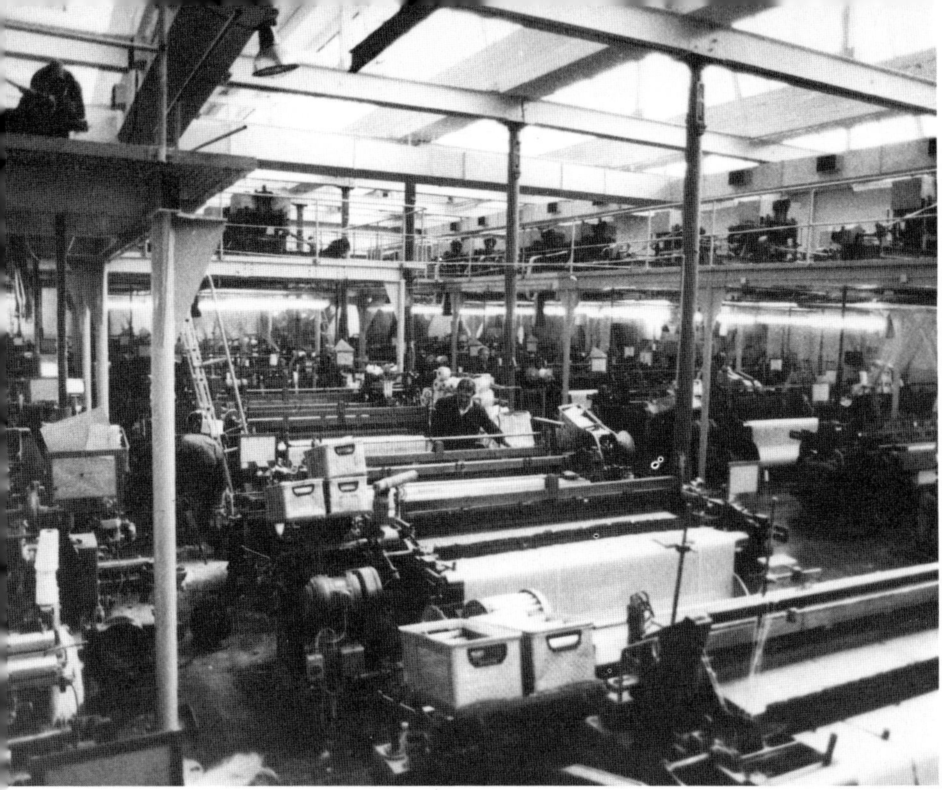

68

Bildseite links:

Webstühle

Die modernen Schützen-Web-
stühle sind kompliziert – und
laut, unvermeidbare Begleitmu-
sik zu einer schönen, sichtbar
gestalterischen Arbeit. Ein ein-
ziger Weber bedient hier bis 24
Maschinen.

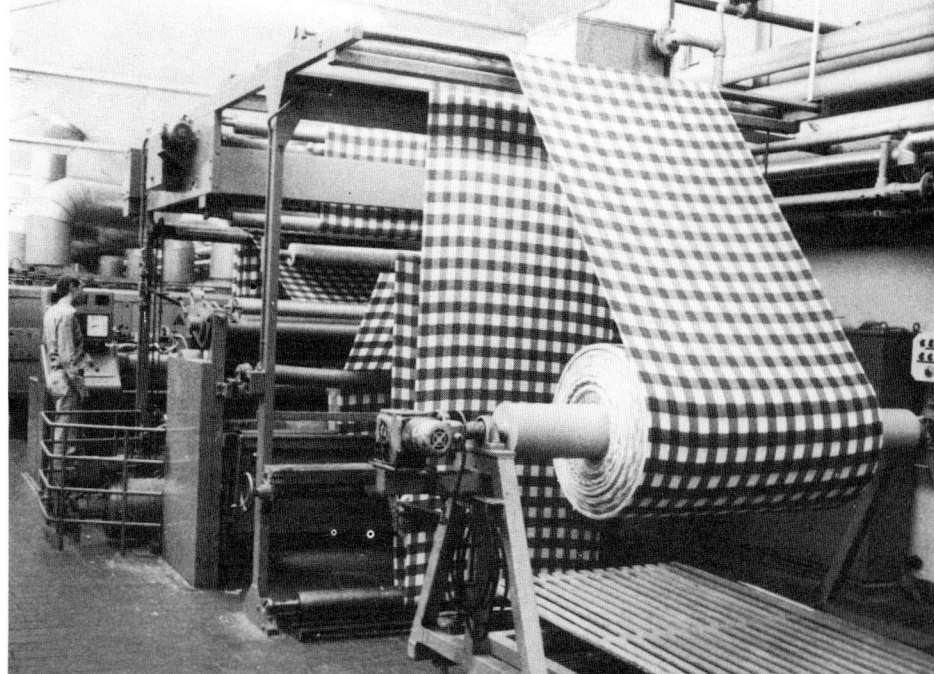

Bildseite rechts:

Bleiche und Ausrüstung

Das Rohgewebe vom Webstuhl muß gebleicht und ,,ausgerüstet" werden, ein sorgfältig geplanter, vielfältiger Bearbeitungsprozeß in der Bleichanlage (rechts oben) und auf dem Spannrahmen (rechts unten), einer Trocknungs- und gewebebreiten Fixieranlage – und vielen anderen Vorrichtungen.

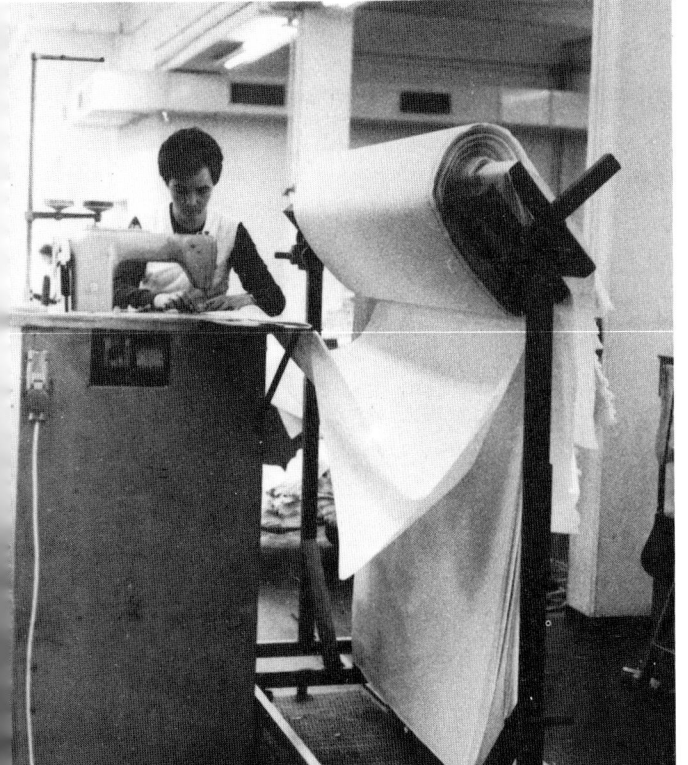

Bilder oben und links:

Das eigentlich schon verkaufsfertige Gewebestück wird überwiegend zu Fertigteilen weiterverarbeitet. In der Konfektion entstehen so die klassischen Produkte der Schlitzer Leinenindustrie: Damast-Tischtücher, Servietten, Web-Tischdecken, Bettücher, Kissenbezüge, Bettbezüge, Handtücher, Geschirrtücher und andere Qualitätsartikel, bereit, die neonbeleuchteten Schaufenster der Welt zu erobern.

Bild rechts: „Europa"
Schlitzer Leinen hat Weltruf!

Aber eigentlich hat es das Schlitzer Leinen garnicht so leicht, in die Welt zu gelangen. Hemmnisse in Form von Einfuhrbestimmungen, Zollhürden und kostspielige Wege sind zu überwinden, um endlich dort Freude zu bereiten, wo gute Qualität, die hochentwickelte Webkunst der Symbol- oder Nameneinwebung, Schönheit des edlen Materials – überhaupt anspruchsvolles Interieur – erwartet werden.

Zum Abschluß zeigt uns die Doppelseite 72/73 eine Auswahl von Einwebungen, die beweist, daß Schlitzer Leinen tatsächlich in die ganze Welt hinausgeht.

Die neue
»EUROPA«

wurde von uns
mit
Tisch-, Bettwäsche
und Küchenwäsche
ausgestattet.

Wir sind nun am Ende unserer Darstellung. Wenn Sie, lieber Leser, auf den Geschmack gekommen sind: Im Heimatmuseum der Stadt Schlitz sieht man heute noch die alten Geräte, mit denen die Vorfahren in mühsamer Arbeit ihre berühmten Gewebe fertigten, wunderbare Spinnräder, Handwebstühle und vieles andere mehr. Sollten Sie jedoch noch tiefer in die »Schlitzer Webkunst« eindringen wollen, so gehen Sie am besten in eines dieser schönen alten Schlitzer Wirtshäuser! Haben Sie Glück, so treffen Sie dort jemanden, der vieles miterlebt hat oder Ihnen ausführlich erzählt, wie alles gewesen ist – oder zumindest gewesen sein könnte. Und wer weiß schon genau, wie sich alles wirklich zugetragen hat.

ALASIA HOTEL

RISTORANTE LA PINETA
ANVERSA

فندق آسيا

ASIA HOTEL

Die Elektroindustrie in Schlitz

Kurzfassung der Chronik eines mittelständischen Unternehmens
Von W. Schäfer und T. Westphal

Eugen Eichhoff – Gründer der Eichhoff-Werke GmbH, Lüdenscheid – verlagerte 1943, kriegsbedingt, Teile seines elektrotechnischen Betriebes in die Burgenstadt Schlitz.

Es ist kaum denkbar, anläßlich einer Dokumentation über eine Zweigniederlassung der Eichhoff-Werke, nicht auch den Gründer der Firma zu erwähnen.
Wer ist Eugen Eichhoff? Geboren wurde er 1897 in Lüdenscheid. Seine Vorfahren stammen aus Halver im Sauerland und waren zumeist Bauern, Kleinfabrikanten und Handwerker, so auch sein Vater, der als Former in einer Lüdenscheider Eisengießerei tätig war. Nach Volksschule und Gymnasialjahren absolvierte E. Eichhoff eine kaufmännische Lehre. Anschließend wurde er Soldat, der erste Weltkrieg war in vollem Gange. 1917 kehrte er verwundet in die Heimat zurück und ließ sich 1919 als selbständiger Generalvertreter in seiner Heimatstadt Lüdenscheid nieder. Damit war der Grundstein für die späteren Eichhoff-Werke GmbH, Lüdenscheid gelegt.

Während E. Eichhoff zunächst im wesentlichen für eine große Düsseldorfer Aktiengesellschaft tätig wurde, begann er bereits 1922 mit dem Vertrieb von landwirtschaftlichen Maschinen und Geräten. Westfalen, Hessen und später auch Spanien waren die von ihm bevorzugten Absatzgebiete für diese Produkte. Da dämmern die düsteren 30er Jahre der Weltwirtschaftskrise herauf. Fürchterliche Rückschläge. 10jähriges Aufbauwerk bricht zusammen. E. Eichhoff gibt nicht auf und stellt 1931 sein Handelsunternehmen auf einen Fabrikationsbetrieb für elektrotechnische Erzeugnisse um.

Klein und bescheiden, gemeinsam mit Ehefrau und Eltern, wurden Bauteile für Schwachstrom-Installationen hergestellt und vertrieben. Trotz Rückschlägen in dieser wirtschaftlich schweren Zeit zählte die Belegschaft bei Beginn des Zweiten Weltkrieges bereits 50 Mitarbeiter. Der Inhaber wurde wiederum zum Kriegsdienst eingezogen, kurze Zeit später jedoch reklamiert, um die Fabrikation in vollem Umfange wieder aufzunehmen und sie im Bereich der damaligen Rüstungsindustrie anzusiedeln.
Raumenge und das Kriegsgeschehen zwingen im Frühjahr 1943 zu Verlagerungen von Teilbetrieben der inzwischen erheblich gewachsenen Fertigungen. Gewählt wurden die hessischen Standorte Schlitz, Hungen und Alsfeld. Während die beiden letztgenannten Standorte das Kriegsende nicht überlebten, entwickelten sich in dem Betriebsteil »Schlitz« Aktivitäten, die letztlich für das Weiterbestehen der späteren Zweigniederlassung von entscheidender Bedeutung waren.

Im Gegensatz zu anderen Verlagerungen wurde in der Burgenstadt Schlitz eine in sich geschlossene Produktionseinheit, bestehend aus Werkzeugbau, Stanzerei, Automatendreherei, Drahtwickelei und Montageeinrichtungen in den Räumen einer ansässigen Leinenweberei installiert. Gefertigt wurden damals hochwertige Schaltgeräte für die ehemalige deutsche Luftwaffe. Eine

Eugen Eichhoff, Lüdenscheid i. W.

VERKAUFSFILIALE ERSTER DEUTSCHER FABRIKEN LANDWIRTSCHAFTLICHER
MASCHINEN UND GERÄTE

BODENKULTURGERÄTE		HÄCKSELMASCHINEN
ERNTEMASCHINEN		SCHROTMÜHLEN
DRESCHMASCHINEN		SEPARATOREN

Fernsprecher Nr. 1197 — Telegramme: Eugen Eichhoff, Lüdenscheid
Postscheck-Konto Cöln Nr. 47607

Bankverbindungen: Barmer Bank-Verein
Lüdenscheid und Gewerbebank Lüdenscheid

Gruppe A: Bodenkulturgeräte.

Ein- und Mehrscharpflüge

vollkommenster Bauart, für alle Bodenarten und in jeder gewünschten Ausführung.

Tiefkultur- und Universalpflüge,
Bogengründel-, Schwing- und Karrenpflüge.

Leichte Einscharpflüge
mit Ein- oder Zweiradvorgestell.

Wendepflüge, Häufelpflüge und sonstige
Spezialpflüge.

Mehrscharpflüge, bewährte Systeme
für 2-, 3- und 4scharige Pflugarbeit.

Alles garantiert erstklassig in Beschaffenheit und Leistung.

Die Anfänge mit landwirtschaftlichen Maschinen und Geräten

Produktion von Papier-Kondensatoren sollte anlaufen, die Kriegsereignisse jedoch ließen dieses Vorhaben nicht mehr zu.

Mit dem Ende des Zweiten Weltkrieges war zunächst auch ein vorläufiges Aus für den Eichhoff-Betrieb in Schlitz gekommen. Die amerikanische Besatzungsmacht erließ ein totales Produktionsverbot, Granateinschläge und Plünderungen taten ein übriges und rundeten die mehr als hoffnungslose Lage für Betrieb und Mitarbeiter ab.

Neue Produktionsgenehmigungen wurden nur Betrieben erteilt, die im Bereich der Landwirtschaft angesiedelt waren. Dazu gehörte u. a. auch die Reparatur von landwirtschaftlichen Geräten und deren Zubehör. Dieser Gedanke wurde aufgegriffen und der Versuch unternommen, über diesen Weg die Voraussetzungen für einen späteren Wiederanfang im Bereiche der Elektrotechnik zu schaffen.

Elektromonteure des Betriebes besuchten die Landwirte im Schlitzerland, führten oft unter schwierigsten Bedingungen Reparaturen aus und sorgten dafür, daß größere reparaturbedürftige Einheiten im Schlitzer-Betrieb angeliefert wurden. Bald stauten sich Landmaschinen, im weitesten Sinne, vor den gemieteten Werkstatträumen der Leinenweberei.

Unter dem Eindruck dieser für die hiesige Landwirtschaft sehr wichtigen Aufgabe erteilte dann die amerikanische Besatzungsmacht am 3. August 1945 ihr Permit to Re-open für Herrn Eugen Eichhoff. Es hatte Gültigkeit für den Reparaturbetrieb und enthielt gleichzeitig die Erlaubnis, wieder im ursprünglichen Arbeitsfeld Elektrotechnik Schwachstrom-Installationsmaterial tätig werden zu können.

Bereits im Herbst 1945 wurden die ersten Frauen und Mädchen zur Herstellung von Drahtwiderständen, die man in vielen Bereichen der Elektrotechnik benötigte, eingestellt.

Ende 1945 waren 52 Mitarbeiter, aus allen Schichten der Bevölkerung stammend, beschäftigt. Die Betriebsleitung wurde neu gestaltet, eine eigene Buchhaltung errichtet und eine technische Abteilung gegründet, für die ein Ingenieur verantwortlich zeichnete.

Schon 1946 mußten zusätzliche Räume in der Nähe der Leinenweberei angemietet werden, um weitere Fertigungseinrichtungen, so z. B. die Anfänge einer Kunststoffpresserei, unterbringen zu können. In dieser Zeit wurde auch der Gedanke von E. Eichhoff – Papierkondensatoren zu bauen – wieder aufgenommen und die ersten Schritte zur Verwirklichung dieser Idee unternommen. Bald konnten Verhandlungen mit der Bundespost geführt werden, die dann letztlich positiv, mit der Erteilung eines für die damalige Zeit relativ großen Auftrages, endeten. Der Umfang dieses Auftrages war immerhin so groß, daß die Firma über mehrere Monate beschäftigt werden konnte. Allerdings soll nicht verschwiegen werden, daß gerade bei diesem Projekt auch Rückschläge – die Firma Eichhoff hatte nur wenige Erfahrungen in der Fertigung von Papierkondensatoren für die Fernmeldetechnik – eintraten.

Im Verlaufe des Jahres 1947 wurden der Firma die angemieteten Räume aufgekündigt. Die Leinenweberei zeigte die Absicht an, die Mietflächen selbst nutzen zu wollen.

Konfrontiert mit einer neuen Sachlage entschied sich Herr E. Eichhoff für den Bau eines eigenen Fabrikgebäudes. Gekauft wurde ein Gelände zwischen Dieffenbachstraße und Heidgraben in der Stadt Schlitz. Der Architekt wurde vorgeschrieben, der Bauentwurf von einem Darmstäd-

PERMIT to RE-OPEN

To: **EUGEN EICHHOFF,** .... (Manager)

EUGEN EICHHOFF, ... (Name of factory)

LÜDENSCHEID, ... (Place)

LÜDENSCHEID. .... (Kreis)

1. You will re-open for the purpose of **MANUFACTURING AGRICULTURAL MACHINERY PARTS,**
ELECTRICAL INSTALLATION-MATERIAL, SPECIALLY FOR FEEBLY CURRENT ONLY

....

(state goods that may be produced or service performed) **PRIORITY No. 2 (11)**

2. You will not produce other goods or carry on other activities without permission from Military Government.

3. You will send in a return at the end of each month showing:
    a) Name and address of firm
    b) Goods produced during the month
    c) Stocks held at end of month
    d) Electricity and coal used during the month
    e) Average number of employees during the month

4. This return will be in English.

5. One copy will be sent to the Military Government Detachment for your district and one to the Industrie- und Handelskammer for your district.

Signed *B. Adstead.*
Mil Gov Det

(Four copies of this Permit will be completed. One will be sent tho the firm, one to 917 (RB) Mil Gov Det, one to the Industrie- und Handelskammer for the district and one will be retained by the Mil Gov Det).

Encl.: Priority-list

Genehmigung der amerikanischen Besatzungsmacht

Bild links:
Betriebsgebäude
Dieffenbachstraße
Erbaut 1947 bis 1949

ter Professor erstellt. Die Planung ging davon aus, daß das Gebäude auch anderweitig Verwendung finden konnte. Tatsächlich konnte noch 1947 der Grundstein gelegt und bis zur Währungsreform im Juni 1948 das Kellergeschoß des ersten Bauabschnittes errichtet werden. Mit welchen Schwierigkeiten dieses Vorhaben verknüpft war, können nur die sich noch vorstellen, die in dieser Phase in der Firma Eichhoff gewirkt und gearbeitet haben. Jeder mußte mithelfen, sei es direkt am Bau oder beim Brechen der benötigten Sandsteine in einem nahe gelegenen Steinbruch. Trotz aller Widrigkeiten wurde der erste Bauabschnitt fertiggestellt, und das Weihnachtsfest 1948 konnte in den neuen Räu-

men gefeiert werden. Die Belegschaft zählte inzwischen 65 Mitarbeiter. Der zweite Bauabschnitt des Gebäudes in der Dieffenbachstraße konnte dann in rascher Folge fertiggestellt und Ende 1949 bezogen werden.

Neue Fertigungseinrichtungen wie z. B. Vakuum-Imprägnieranlagen für Papierkondensatoren wurden aufgestellt und damit die Voraussetzung für eine Erweiterung der Produktpalette »Kondensatoren«, verbunden mit einer nicht unerheblichen Qualitätsverbesserung dieser Produkte, geschaffen.

In diesen Zeitabschnitt fällt auch die Entwicklung eines polarisierten Wechselstrom-Weckers für die Bundespost. Mit dieser Entwicklung gelang es dem Hause, einen Artikel zu schaffen, dessen konstruktive Merkmale noch heute bei ähnlichen Produkten Gültigkeit haben. Die Bundespost führte dieses Weckermodell als Standard in ihr Angebot ein. Für die Firma Eichhoff wurde so ein ganz wesentlicher Eckpfeiler im Programm geschaffen, der bedingt durch die in der Zwischenzeit entstandenen Folgemodelle auch heute noch einen besonderen Stellenwert besitzt.

Noch einmal mußte gebaut werden. 1951 entstand ein zweites Gebäude auf dem Firmengelände im Heidgraben. Montageräume entstanden und eine Kunststoffpresserei größeren Stieles wurde eingerichtet. Zwischenzeitlich wuchs die Belegschaftsstärke weiter, und so kam es zwangsläufig zur Anmietung und später zum Kauf von Gebäudeteilen einer ehemaligen Seifenfabrik, die in unmittelbarer Nachbarschaft zu dem Grundstück der Firma Eichhoff lag.

Funk-Entstörung hieß die Idee, die E. Eichhoff bereits während des 2. Weltkrieges in sich aufnahm, welche in der Mitte der 50er Jahre beginnend, der Firma im späteren Verlauf ihren Stempel aufdrücken sollte. Fachleute aus der Hochfrequenztechnik wurden gewonnen und ein relativ gut ausgerüstetes Applikationslabor für Funk-Entstörung gegründet.

Neue elektrische Bauelemente für die Funk-Entstörtechnik entstanden und wurden in das Fertigungsprogramm eingefügt. Man kann heute im nachhinein feststellen, aus bescheidenen Anfängen heraus ist die Funk-Entstörtechnik zu einer der tragenden Säulen der Schlitzer-Zweigniederlassung der Eichhoff-Firmengruppe geworden.

Die Mitarbeiterzahl war 1959 auf inzwischen 350 Personen angewachsen, die Firma noch immer auf Expansionskurs. Das Arbeitskräftepotential im Schlitzerland, soweit es für die Firma in Frage kam, war so gut wie ausgeschöpft. Ein neuer Standort mit entsprechender Arbeitskräftereserve mußte in der Umgebung gesucht werden. In Schenklengsfeld, nahe der Grenze im Osten, 40 km von Schlitz entfernt, wurde ein solcher Platz gefunden. Die Produktgruppe Schwachstrom-Installationsmaterial wurde dorthin, zunächst in einen gemieteten Saal, später in eine neu erbaute eigene Werkshalle, verlegt. In den folgenden Jahren wird dieses Programm auch unter dem Begriff »Haussignalgeräte« bekannt, stark erweitert und ständig neue Modelle auf den Markt gebracht. Bereits in der zweiten Hälfte der 60er Jahre mußte die in Schenklengsfeld errichtete Werkshalle durch Anbauten erweitert werden.

Auf dem Betriebsgelände des Werkes in Schlitz entstanden dann in den Jahren 1968 eine Werkshalle für den inzwischen stark vergrößerten Werkzeugbau und 1971 ein Verwaltungsbau, der u. a. auch die Möglichkeit bot, für die Abteilungen Entwicklung und Konstruktion optimalere Arbeitsbedingungen zu schaffen. Mehr als 90 % der von den Eichhoffwerken angebotenen und verkauften Produkte werden in dem Unternehmen selbst entwickelt. Die Bereiche Entwicklung und Konstruktion stellen daher Quelle eines langfristigen Innovationspotentiales dar. Zahlreiche Patente und Schutzrechte machen deutlich, wie hoch man den Stellenwert von Forschung und Entwicklung für den Fortbestand aller unternehmerischen Aktivitäten, nicht nur in dieser Firma, sondern generell in der Elektrobranche, einzuschätzen hat.

Das Fertigungsprogramm der Eichhoff-Werke in Schlitz umfaßt heute fernmeldetechnische Bauelemente und Geräte, Funk-Entstörmittel, wie Entstörkondensatoren, Entstördrosseln und Ent-

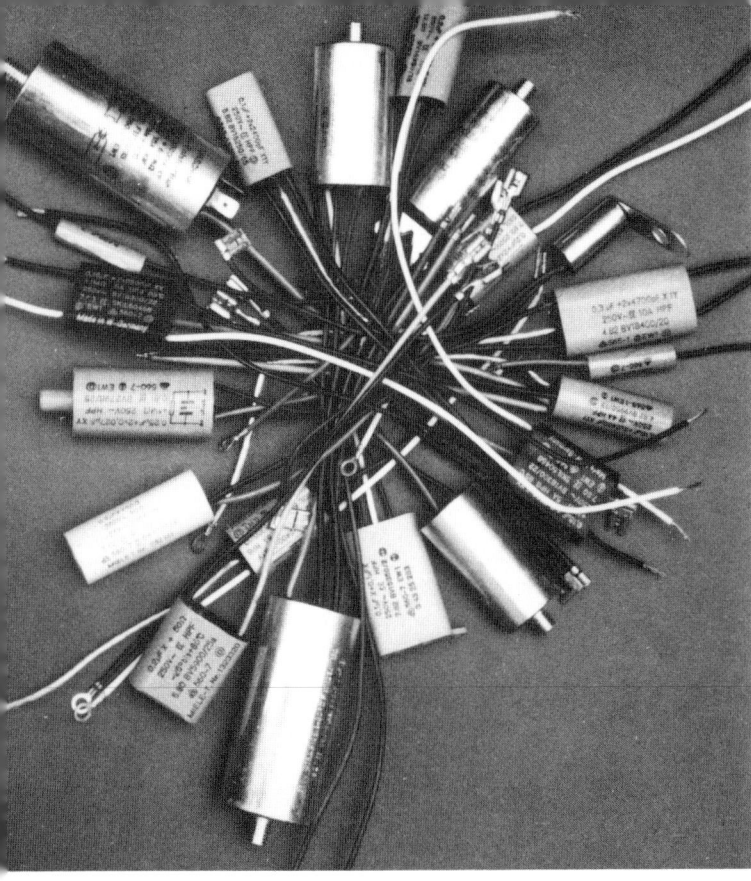

störfilter, in unterschiedlichen Dimensionen. Die Anzahl von Elektrogeräten in Haushalt und Gewerbe wächst ständig. Ohne eine ausreichende Funk-Entstörung dieser Geräte können Hörrundfunk, Fernsehen und die übrigen Funkdienste nicht mehr störungsfrei empfangen werden. Das Unternehmen führt kundenspezifische Beratungen im hauseigenen Applikationslabor, das ständig dem Stand der Technik angepaßt wird, durch. Die Kundengeräte werden mit Funk-Entstörmitteln ausgerüstet und unter praxisnahen Bedingungen getestet. Ein ausgezeichnetes Dienstleistungsangebot in der Applikation für die vielfältigen Funk-Entstöraufgaben, verbunden mit der breitgefächerten Palette von Funk-Ent-

störmitteln, haben die Firma Eichhoff national und international auf den vorderen Plätzen der namhaften Hersteller gleichartiger Produkte angesiedelt.

Der Fabrikationssektor Haussignalgeräte bringt verschiedenartige formschöne und wohlklingende Gongs – elektromechanischer und elektronischer Ausführung – auf den Markt. Läutewerke, Kombinationen von Signalgebern, Alarmwecker, Einbausummer und Signalhupen ergänzen dieses Programm. Darüber hinaus werden Klingeltransformatoren und Kontaktmaterial, z. B. Klingeltaster in Ein- und Mehrfachanordnung, in den verschiedensten Formen gefertigt und vertrieben. Gerade dieses Programm, unter seinem

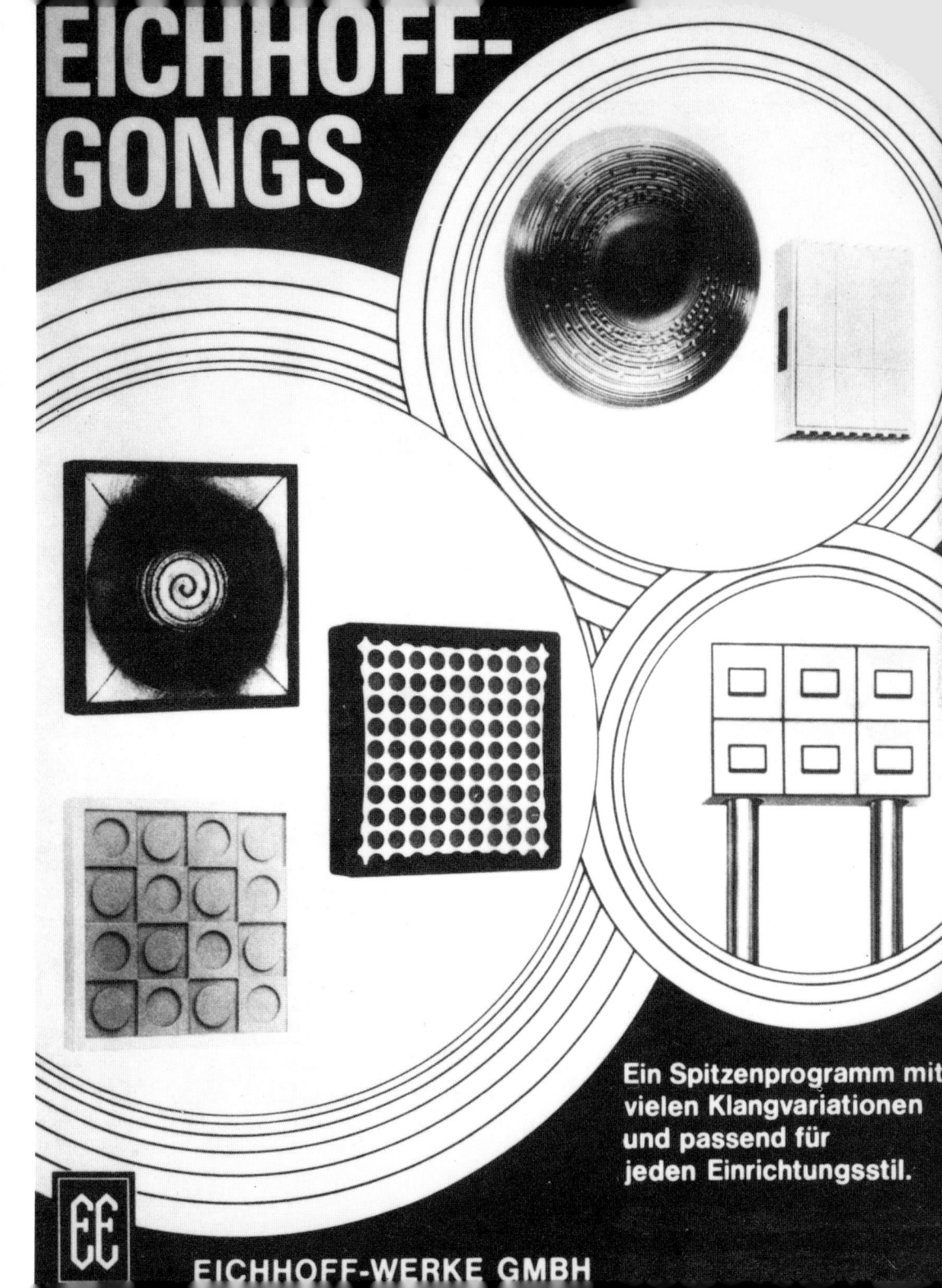

EICHHOFF-GONGS

Ein Spitzenprogramm mit
vielen Klangvariationen
und passend für
jeden Einrichtungsstil.

EICHHOFF-WERKE GMBH

Oberbegriff Schwachstrom-Installationsmaterial, hat in seiner Vielzahl und seinen guten Designs den Namen »Eichhoff« weltweit bekannt gemacht.

. . . Früh morgens. Ein leichter Summton mahnt zum Aufstehen; das Eichhoff-Element im Wecker löst ihn aus. Die Haustürklingel läutet, wiederum ist ein Eichhoff-Artikel im Spiel. Erzeugnisse dieses Unternehmens stecken in mannigfachen Haushaltsgeräten, Waschautomaten, Wäschetrocknern, Geschirrspülautomaten, Werkzeugmaschinen usw. Bedeutende Hersteller in der Datenverarbeitung setzen Eichhoff-Bauteile in ihren Geräten und Anlagen ein. Ebenso enthalten Telefon- und sonstige fernmeldetechnische Einrichtungen Bauelemente mit dem Zeichen »EE«. Mehrere Millionen von Ruforganen, eingebaut in Telefonapparaten oder als Zweitwecker in Telefonanlagen, haben in den letzten drei Jahrzehnten mit diesem Markenzeichen das Haus in der Burgenstadt Schlitz verlassen. Ein stolzes Ergebnis.

Rund 600 Mitarbeiter aus Schlitz und seinem Umfeld sind heute in der Eichhoff-Zweigniederlassung Schlitz beschäftigt; wir glauben, eine beachtliche Zahl. Die Firma Eichhoff sieht es als ihre Hauptaufgabe an, diese Arbeitsplätze mit stets neuen Ideen und geeigneten Maßnahmen bei den Investitionen zu sichern.

Möge diese Chronik einer mittelständischen Firma zum Gelingen dieses Buches beitragen; eines sollte man jedoch nicht vergessen: der Wagemut und die Ideen des Unternehmers Eugen Eichhoff – Ehrenbürger dieser Stadt – vereint mit dem Engagement der Mitarbeiter haben ein Werk geschaffen, das in der Burgenstadt Schlitz und Umgebung einen festen Platz einnimmt.

Bild unten: Teilansicht der Firma Eichhoff in Schlitz

Chronik der Auerhahn-Bräu Schlitz GmbH

Von H. D. Richter

Die Auerhahn-Bräu Schlitz GmbH ist erstmalig im Jahre 1585 als Brauerei der Grafen von Schlitz genannt von Görtz urkundlich erwähnt. Im Jahre 1896 wurde der bisherige Handbetrieb durch den Grafen Emil von Schlitz in einen modernen Dampfbetrieb umgewandelt.

1917 hat die Gräfliche Verwaltung die Brauerei Tivoli GmbH in Fulda gekauft und stillgelegt. Die Produktion wurde in Schlitz weitergeführt. Der Keller und der Eisweiher der Tivoli-Brauerei wurden von der Auerhahn-Bräu mehrere Jahrzehnte für ihre Fuldaer Niederlassung benutzt.

Am 1. Juli 1920 pachteten die Herren Ferdinand Otterbein, Brauereibesitzer in Großenlüder, sowie Herr Franz Otterbein, Besitzer des Gasthauses »Zum Goldenen Rad« in Fulda, die Auerhahn-Bräu für dreißig Jahre von der Gräflichen Verwaltung. Herrn Ferdinand Otterbein, der seinen Wohnsitz nach Schlitz verlegte, ist es gelungen, den Absatz durch die Güte seines Produktes und durch Übernahme der nachstehenden kleinen Brauereien beachtlich zu steigern: Brauerei Guntrum in Schlitz, Brauerei Manß in Schlitz, Brauerei Hodes in Eiterfeld, Brauerei Kamandel in Geismar, Brauerei Steinweg in Bad Hersfeld und die Brauerei Gebr. Wolf in Bad Hersfeld.

Nach dem Tod des Herrn Ferdinand Otterbein am 2. September 1926 trat sein Sohn, Herr Arthur Otterbein, in die Geschäftsleitung der Auerhahn-Bräu ein. Nach Ablauf der 30-jährigen Pachtzeit gründeten der Graf von Schlitz, genannt von Görtz, und die Familie Otterbein eine GmbH. Beide Familien waren zu gleichen Teilen Anteilseigner.

1964 wurde von der Auerhahn-Bräu Schlitz GmbH das Urhahn-Alt – ein helles obergäriges Altbier – erstmalig auf den Markt gebracht. Es hat sich durch seine gute Qualität einen bedeutenden Platz neben den übrigen Qualitätsbieren der Auerhahn-Bräu gesichert.

Am 1. Januar 1968 haben die Freiherren Riedesel zu Eisenbach die Auerhahn-Bräu Schlitz GmbH käuflich erworben. Durch die Zusammenarbeit mit der Lauterbacher Burgbrauerei konnte nicht nur die Qualität der Auerhahn-Biere gesichert, sondern auch der Ausstoß der Auerhahn-Bräu Schlitz GmbH beträchtlich gesteigert werden. Desweiteren wurden auch die alkoholfreien Getränke der Lauterbacher Burgbrauerei durch die Kundschaft der Auerhahn-Bräu Schlitz GmbH übernommen.

In den letzten 20 Jahren wurde der technische Betrieb der Auerhahn-Bräu modernisiert, so daß er heute nach den neuesten Erkenntnissen der Brauereitechnik ausgestattet ist. 1979 ist das Markenbild der Auerhahn-Bräu neu gestaltet worden. Für die Auerhahn-Biere wird seitdem unter dem Slogan »Spezialitäten aus dem Schlitzerland« erfolgreich geworben.

Die Schlitzer Kornbrennerei
der Hessischen Staatsdomäne Karlshof

Von H. Buchholtz

Schon mancher wird sich gefragt haben, wenn er an dem Gebäudekomplex der »Schlitzer Kornbrennerei« mit seinen drei prächtigen, schmukken Fachwerkgebäuden, die so gar nicht nach einem Industriebetrieb aussehen, vorbeikommt: »Wie gelangt das Korn in flüssiger, »geistiger« Form in die Flasche?«

Das Wort »Schnaps« kommt von »schnappen« und bedeutet etwa das, was man auf einmal schnappen kann: Für den einen ist das ein Fingerhut voll Schlitzer Korn, für den anderen eine ganze Flasche. Wie die Quantitäten des Schnapses, so unterscheiden sich auch die Qualitäten.

Die Entstehungsgeschichte des Branntweins kann heute nach manchem Widerstreit der Auffassungen – wenigstens für die europäischen Kulturländer – als einigermaßen geklärt angesehen werden. Es steht dank der wissenschaftlichen Arbeiten verschiedener Forscher der vergangenen Jahrhunderte wohl einwandfrei fest, daß die naturwissenschaftlichen Gelehrten des Altertums, Aristoteles, Hippokrates, Plinius, Galenus u. a. zwar die Gegenwart eines brennbaren Stoffes im Wein erkannt hatten, daß sie es aber nicht verstanden, diesen von den wäßrigen Bestandteilen durch Erhitzen abzuscheiden und zu konzentrieren.

Zwar schreibt Aristoteles vom »geisterzeugenden Wein«, Plinius spricht vom Faustiner Wein, der durch die Flamme entzündet wird, doch sind diese Literaturstellen kein Beweis einer Branntweinherstellung durch Destillation und Konzentration. Es finden sich in den Schriften der Antike keine Angaben, worin klar ein Verfahren zur Destillation des Weines beschrieben wird. Von Lippmann kommt zu dem Schluß, daß die erste Darstellung des Weingeistes mit Sicherheit erst in die Zeit zwischen 1050 und 1150 fallen dürfte, als man gelernt hatte, die leichtflüchtigen Bestandteile des Weines durch Kühlvorrichtungen, wenn auch primitiver Art, wirksam zu verdichten. Nach von Lippmann findet sich die älteste, bereits sehr eingehende Schilderung der Bereitung von Branntwein aus Wein in den Schriften des Magister Salernus (1176). Später hat sich der deutsche Alchimist Albertus Magnus (Bischof zu Regensburg 1193-1280) mit der Weingeistdestillation befaßt. Arnoldus Villa Novanus (1235-1313) und Raymundus Lullus (1234-1315) sprechen sich in ihren Werken deutlicher über die Gewinnung des Weingeistes aus. Lullus gewann einen hochrektifizierten Spiritus, der – auf ein Tuch geschüttet – restlos verbrannte und als »Quinta essentia« zur Bereitung des »Steins der Weisen« dienen sollte! Schon um 1250 wurde in Italien der Alkohol als bewährtes Heilmittel empfohlen und angewandt.

Die Alchimisten bezeichneten ihre Erfindung als Destillation, was sich vom lateinischen Verb destillare = herabtropfen ableitet. Damit ist das Wesentliche dieser Kunst gekennzeichnet, nämlich die Kondensation des verdampften Alkohols durch Kühlung, wobei es zur Tropfenbildung kommt. Gerade diese Kondensation war den Naturwissenschaftlern des Altertums offenbar noch nicht bekannt.

Der Begriff »Alkohol« wurde von Theophrastus

Paracelsus (Arzt und Philosoph 1493-1541), der vom Branntwein in seiner Praxis in großem Umfang Gebrauch machte, etwas eigenwillig geprägt. (Aus dem Arabischen al kuhul = besonders Feines und Reines).

Zweifellos gab es schon im 15. Jahrhundert Hausbrennereien in beschränktem Umfang. Zunächst scheint die Getreidebrennerei ein Nebenbetrieb der Bierbrauerei gewesen zu sein und sich vorwiegend auf die bei der Erteilung von Brauereiberechtigungen bevorzugten Städte beschränkt zu haben, da die steuerliche Erfassung auf dem Lande Schwierigkeiten bereitete. War doch der Kornbranntwein von Anbeginn seiner gewerblichen Herstellung bereits mit Steuern reichlich bedacht worden (Konsumsteuer, Schrotsteuer, Anissteuer, Fabrikationssteuer). Die Kornbrennerei blieb immer ein Nebenbetrieb der bedeutenden Landwirtschaft, da man frühzeitig die Bedeutung der wertvollen Getreideschlempe als Viehfutter erkannt hatte.

1585 gilt als das Gründungsjahr der Schlitzer Kornbrennerei, die als die älteste Brauerei des Kontinents angesehen werden darf. 1985 feiert man also das 400jährige Jubiläum! Die Herren und späteren Grafen von Schlitz, genannt von Görtz nahmen in ihrem Territorium die Brau-, Brenn- und Schenkgerechtigkeit als nutzbares Hoheitsrecht in Anspruch. Abgaben von Akzise (Umgeld) lassen sich seit 1585 belegen. Die erste Brennerei dürfte sich in Niederjossa befunden haben, den frühesten Beleg dafür bietet die Anweisung eines jährlichen Zinses von 5 Gulden aus der Schlitzer Schenkstatt zu Niederjossa an die Vormünder von Dorothea, der nachgelassenen Tochter des Curt Menz.

Die Akten über die Verleihung des Schenkrechtes in der Stadt und Herrschaft Schlitz beginnen 1578 mit der Verleihung der Schenkgerechtigkeit an die Stadt Schlitz, bzw. an die innerhalb der Ringmauer wohnenden Bürger.

Die Grafen von Schlitz hatten das alleinige Brennrecht für Schlitz und Schlitzerland und somit auch die Preisbestimmung. Gar manche Beschwerden der umliegenden Dörfer prallten an der Monopolstellung der Grafen ab. Dem Monopol der Standesherrschaft in Beziehung auf den alleinigen Verkauf von Branntwein unterlagen:

1. Die sämtlichen Zäpfer (Wirte in den Dörfern um Schlitz)
2. Die Privaten auf dem Lande hinsichtlich der Getränke, welche bei Hochzeiten, Kindtaufen und Leichen consumiert werden.
3. Diejenigen vier Wirte, welche in herrschaftlichen Wirtshäusern (drei als Tamboral und einer als Erbbeständer) wohnen, vermöge ihrer Bedingungen.

Man lese, daß in den Jahren 1846/1847 das Viertel Korn 25 Gulden kostete. Teure Zeiten!

Von 1585 an war die Brennerei in ununterbrochenem Besitz der Grafen von Schlitz, genannt von Görtz. In den Jahren um 1720-1730 entsteht das Brennereigebäude in der jetzigen Auerhahn-Brauerei in Schlitz, unter dem Namen »Graf Görtz'sche Kornbrennerei, Schlitz«. Vorher wurde in Niederjossa und Rimbach gebrannt. Und hier in Schlitz wurde der »hochherrschaftliche Branntwein« hergestellt. Die alten Schlitzer tranken ihn in diesem Bewußtsein!

Die ersten Branntweinrechnungen tauchen im Jahre 1732 auf. Auch über die Bestallung des ersten Branntweinbrenners wird berichtet. Bereits im Jahre 1869 bekommt die Brennerei einen Dampfkessel (Dampfmaschine). Erst 20 Jahre später kamen dann weitere Dampfmaschinen in Schlitzer Betriebe.

1952/53 wurde die Brennerei in den früheren Schafhof in den Grund verlegt. Am 1. April 1969 ging die Graf Görtzische Kornbrennerei mit Destillation, gleichzeitig mit dem Karlshof, der früher ein landwirtschaftlicher Nebenbetrieb der Hallenburg war, in den Besitz des Landes Hessen über. Mit der Übernahme veränderte sich der Firmenname in »Schlitzer Kornbrennerei der Hessischen Staatsdomäne Karlshof«.

Die folgenden Jahre brachten der Schlitzer Kornbrennerei eine stetige Aufwärtsentwicklung. Es erforderte eine gänzliche Erneuerung der veralteten Technik, um auf dem Markt konkurrenzfähig zu bleiben. Zu den bewährten Produkten, die noch immer nach unverändertem Rezept hergestellt werden, sind einige neue Spirituosen, wie Burgen-Kümmel, Fruchtquintett, Herrschaftlicher Feinbitter, nach zeitgemäßem Geschmack, in gewohnter Güte ins Verkaufsprogramm aufgenommen worden.

Nach unserem kleinen Abstecher in die Geschichte des Branntweins nun zur Gegenwart. Haben schon die Spirituosen eine verwirrende Vergangenheit, so sind die heutigen Erscheinungsformen vollends unübersehbar. Was die intimere Bekanntschaft mit ihnen erschwert, vorausgesetzt, daß man sie einmal nicht auf den Gaumen beschränken möchte, das ist die schier unermeßliche Fülle von Vorschriften, Verordnungen und Gesetzen, die die Herstellung der Spirituosen regulieren. So sehr war der Staat von jeher um das Wohl seiner Bürger besorgt, daß er schon im 16. Jahrhundert dem Branntwein auf dem Fuße die Branntweinsteuer folgen ließ. Bald aber mußte man erkennen, daß die fortgesetzte Aufsicht erheischende Erhebung der Branntweinsteuer mit großen Schwierigkeiten verknüpft war, teils deshalb, weil nicht allein die mannigfaltigsten Stoffe, sondern auch sehr verschiedene Fabrikationsmethoden bei der Branntweinbrennerei zur Anwendung kommen, vielfach als Nebenbetrieb anderer Wirtschaftszweige.

Der Schluß, den man aus diesen Erkenntnissen zog, war das Branntweinmonopol. Das Branntweinmonopolgesetz unterscheidet heute Monopolbrennereien und Eigenbrennereien, die wiederum in landwirtschaftliche Brennereien, Obstbrennereien und gewerbliche Brennereien eingeteilt werden. Schließlich unterscheidet man Verschlußbrennereien und Abfindungsbrennereien. In den letztgenannten bildet die nach bestimmten Gesichtspunkten bemessene Weingeistmenge die Besteuerungsgrundlage bei der Abfindung auf einen gewissen Abgabenbetrag. Die sogenannten Verschlußbrennereien sind verschlußsicher (monopolsicher) einzurichten, d. h. die Branntweingewinnungs- und Reinigungsanlagen müssen bestimmten Anforderungen entsprechen, so daß die amtlich angelegten Verschlüsse weitgehende Sicherheit für die Erfassung des Branntweins zur Ablieferung an die Monopolverwaltung oder zur Erhebung der Branntweinsteuer geben.

In der Praxis sieht die Verschlußbrennerei für den arglosen Besucher so aus: Nichts als Meßuhren, Plomben, Verschlüsse, Verbote. Keine Möglichkeit, an den Sprit, der in großen Mengen produziert wird, heranzukommen, wenn nicht ein Hüter des Gesetzes daneben steht. Sammelgefäße, die hinter Gittern unter Zollverschluß liegen. Und nochmals Vorschriften! Die gewaltigen Kupferkessel darf man nicht streichen, das Metall könnte womöglich angebohrt und unsichtbar wieder verlötet werden. Selbst die Rohre, die die Abwässer der allgemeinen Kanalisation zuführen, unterliegen bestimmten Vorschriften und

Kontrollen. In dieser Atmosphäre wagt man kaum Luft zu holen vor lauter Angst, man könnte einen Hauch gesetzwidrig verdunsteten Alkohols einatmen. Es ist schon seltsam, wie nüchtern es in einer Brennerei zugeht. Ausgerechnet das Produkt, an dem wir uns berauschen, wird unter Assistenz unzähliger Paragraphen geboren.

Die Herstellung von Branntwein aus Getreide ist deutschen Ursprungs. Nach dem Reinheitsgebot wird Kornbranntwein aus vermaischten Getreidearten gewonnen. Er muß ausschließlich aus Roggen, Weizen, Buchweizen, Hafer oder Gerste hergestellt und darf nicht im Würzeverfahren gewonnen sein. 38 % Alkohol muß der Doppelkorn haben, wenn er als Edelbranntwein anerkannt werden soll, und 32 % der gewöhnliche. In der Schlitzer Kornbrennerei wird ausschließlich Weizen gebrannt. Weizen gibt dem Produkt eine angenehme, weiche, samtige und fruchtige Note.

Die Verarbeitung von Weizen zu Alkohol zerfällt in folgende Abschnitte:
1. Stärkeaufschluß und -verflüssigung (Dämpfprozeß)
2. Stärkeverzuckerung (Maischeprozeß)
3. Vergärung der Maischen
4. Destillation der vergorenen Maischen
5. Rektifikation des Rohspiritus

Stärkeaufschluß und Verflüssigung sind notwendig, um die Zellen der Weizenkörner zu zerstören und die in ihnen enthaltene Stärke freizusetzen, zu verkleistern und für die Verzuckerung vorzubereiten.

Nachdem die Stärke aufgeschlossen und gelöst worden ist, muß sie verzuckert werden, damit sie von der Hefe vergoren werden kann, denn auch gelöste Stärke ist durch Brennereihefe nicht vergärbar. Die Verzuckerung erfolgt mit Hilfe des Enzyms Amylase.

Anschließend vergären Brennereihefen die bei der Verzuckerung entstandenen Maischen zu Äthylalkohol. Die Gärführung ist der wichtigste und interessanteste Abschnitt im Produktionsgang der Brennerei. Eine gute Alkoholausbeute läßt sich nur bei einem richtigen Verlauf der Gärung erzielen. Dafür ist vor allem die Auswahl der Hefen entscheidend. Die Gärung vollzieht sich in drei Abschnitten und dauert insgesamt etwa 68 Stunden.

Nach der Gärung werden die Maischen destilliert. Man erhitzt sie in einem Destillierapparat, wobei zuerst der Alkohol (bei 78 Grad) und dann das Wasser (bei 100 Grad) in Dampfform übergehen und so voneinander getrennt werden. Der nach der Destillation verbliebene Rückstand heißt Schlempe.

Der auf diese Weise gewonnene Weizenrohspiritus ist nicht rein genug, um als Trinkbranntwein zu dienen. Er muß daher gereinigt werden. Diesen Vorgang, der in der Regel mit einer Verstärkung des Branntweins verbunden ist, nennt man Rektifikation. Dabei dürfen die typischen Kornaromastoffe nicht verloren gehen. Das gereinigte Weizenfeindestillat fließt über eine Meßuhr ins Branntweinlager. Hier »reift« er in Holzfässern bis zu seiner endgültigen Verarbeitung.

Die Lebensgemeinschaft in Schlitz-Sassen

Von K. Eisenmeier

Eine knappe Fußstunde von Schlitz, in einem Seitental der Fulda, findet man ein Dorf besonderer Prägung. Ein Dorf, das 1968 begründet wurde und das sich aus einem alten Hofgut in einem wunderschönen abgeschlossenen Tal des Schlitzerlandes seitdem zu einer weltweit bekannten Modelleinrichtung, in der behinderte Menschen gemeinsam ihr Leben gestalten, entwickelte.

Es sollte ein richtiges Dorf werden, mit Häusern, in denen Menschen leben, die in Werkstätten im Dorf arbeiten gehen und dort für andere Menschen Dinge machen, die schön sind, an denen man Freude haben kann und die einen guten Zweck erfüllen.

Es sollten Häuser sein, in denen man sich wohl und zu Hause fühlen kann. Zu dem Dorf sollten Kühe, Pferde, Schweine, Hühner und Enten gehören. Es sollte möglichst ein Ententeich und es sollten Felder da sein, an denen man den Lauf des Jahres miterleben kann. Die Felder sollten gesunde Nahrungsmittel liefern und biologisch-dynamisch bewirtschaftet sein. Einen Mittelpunkt wünschten wir uns – eine Kirche, in der man beten, oder einen schönen Saal, in dem alle zusammenkommen können, um sich zu begegnen und Schönes zu erleben – einen Vortrag, ein Konzert, gemeinsamen Tanz oder anderes, was das Herz erfreut und die Menschen verbindet.

Träumerei? – Rückzug auf eine Insel?!
Das sollte es bestimmt nicht sein!
Innigen Kontakt mit der Umwelt zu pflegen, sich in die Sorgen der Umwelt hineinzustellen, die Probleme der Zeit mit zu tragen, dieser Wunsch war stark da; aber auch ein wenig abzurücken von den vielen deutlichen und undeutlichen Verführern – denn wir sind ja so schwach.

Wie groß, das war auch noch eine Frage – gerade so groß, daß man alle kennt, gut erleben kann und mit unserem Bewußtsein, das auf diesem Gebiet nicht so stark ist, einen Überblick über das Ganze behält.

So hatte es Dr. König gedacht und erstmals im Camphill mit Erfolg versucht, und so wurde Sassen 1968 begonnen. Es waren viele Menschen da, die so ein Dorf suchten, wünschten, brauchten. Wie stark und wie nötig, das zeigte das Schicksal, dessen Walten man deutlich spüren konnte bei allem, was dann geschah. Sicher halfen dabei auch andere Mächte, denn es war zu großartig, wie sich alles fügte. Die Menschen kamen zusammen, die es machen konnten und wollten.

Der Ort Sassen, besser als man ihn je hätte träumen können, war gefunden und konnte für die Pläne gewonnen werden.

Und wie mit Sassen ging es 1977 mit der zweiten Einrichtung, die ein Dorf, wie hier geschildert, werden soll, mit dem Richthof.

Hilfen, viele Hilfen von oben, von allen Seiten waren da und auch das Geld, das eigentlich für uns keine Rolle spielen sollte, wurde gegeben im Vertrauen auf das Gute, was da entstehen sollte. Wieso Geld für uns keine Rolle spielen sollte? Nun ja, wir wußten, es geht nicht ohne, aber es sollte nicht der Antrieb unseres Handelns sein. Wir wollten arbeiten ganz unabhängig vom Geld, weil wir arbeiten schön und richtig finden und wir es für andere tun wollten. Jeder sollte das haben, was er braucht und dazu wollten die anderen das Ihre geben, vor allem die Dinge, die man nicht kaufen kann. Jeder sollte dem anderen dort helfen, wo er Hilfe notwendig hatte und jeder, der in Sassen lebt, hat Hilfe in irgendeiner Weise nötig.

Die Kraft und das Vertrauen dazu, das sollte die Beschäftigung mit der Anthroposophie Rudolf Steiners geben. Sie war uns sehr wichtig, und unser Tun und Handeln sollte von ihr beeinflußt sein. Nicht dogmatisch! Jeder sollte zu uns kommen können, ob aus anthroposophischen Heimen und Zusammenhängen, oder aus anderen, wenn er uns nur wohlwollend gewähren ließ.

Dabei hat sich etwas herausgestellt, was vorher keiner recht glauben wollte und was das Modell auch in finanzieller Hinsicht besonders interessant macht. Die Art des hier betriebenen Zusammenlebens ist besonders billig. Trotz der sehr schönen Häuser, die wir bauen können, kostet ein Bettenplatz 20 bis 30 % weniger als es sonst üblich ist, und die Betreuungskosten liegen halb so hoch wie es normalerweise der Fall ist und das, obwohl versucht wird, die Häuser nach einem künstlerischen Prinzip zu gestalten. Die Kunst ist für uns sehr wichtig, denn sie ist Nahrung für die Seele, und sie soll uns, wo es nur geht, begleiten, beim Bau der Häuser, beim Einrichten der Wohnungen und der Zimmer, bei Tisch und am Feierabend.

Vieles sollte in besonderer Art geordnet sein. Das Verhalten zueinander, die Motive des Tuns, das Geldwesen, das gemeinsame Tun, Beraten und Entscheiden; keine Leitung, dafür eine Gemeinschaft, ein Kollegium; aber auch kein Parlament. Sachverstand sollte walten.

Keine einfachen Wünsche!

Das alles wollten wir und vieles mehr noch, was in diesem Rahmen gar nicht ausgearbeitet werden kann.

Wer wir? – Alle, die in Sassen leben, alle, die füreinander da sind, auch wenn sie nur da sind, um behütet zu werden; auch das ist eine Gabe, die wir gerne in der Gemeinschaft haben. Wir alle, die wir jeder in seiner Weise behindert sind, der Welt in rechter Weise zu dienen. Wer wagt zu sagen, welche Behinderung schwerer wiegt? Ein Hirnschaden oder ein Versagen, eigene Erwartungen nicht zu erfüllen?

So etwa war es 1968 gedacht, und seit dieser Zeit sind wir hier alle auf dem Weg zu einem Ziel – wie weit ist es noch? Vieles, was ganz zart erst und mühevoll gesponnen war, hat nicht gehalten, wurde von uns selber oder durch stärkere Kräfte wieder zerstört. Vieles mußte korrigiert werden, und nur manches wurde erreicht. Werden wir jemals fertig werden? Vielleicht die Häuser, die Werkstätten. Das, was unser eigentliches Anliegen ist, sicher nie!

Nun gehört zu dem Dorf, wie es gedacht ist, nicht nur, daß Häuser dastehen, eine Kirche und ein Ententeich und daß Menschen darin vor sich hinleben, sondern da sollte die Arbeit ihren festen Platz haben.

In Landwirtschaft und Garten und in verschiedenen Werkstätten – einschließlich der Haushalte – sollte viel und fleißig gearbeitet werden. So viel, wie jeder aufgrund seines Schicksals gerade kann.

Das nicht nur, weil wir meinten, wir müßten Geld verdienen, um zu unserem Lebensunterhalt beizutragen (das natürlich auch, aber mit den uns zur Verfügung stehenden schwachen Kräften können die Erträge unseren Lebensunterhalt leider kaum jemals ganz decken), sondern weil

»Arbeiten« eben ein wesentlicher Bestandteil des menschlichen Wesens ist.

Jeder kann das unmittelbar erleben, wenn er Menschen beobachtet, denen es verwehrt wird, zu arbeiten. Um deutlicher zu machen, was wir in unserer Lebensgemeinschaft dabei erfahren, aber auch durch Studium der Anthroposophie darüber denken, dürfen wir etwas ausholen.

Sicherlich ist mit der menschlichen Arbeit ein tiefes Geheimnis verbunden, sonst wäre bislang nicht so viel und so Widersprüchliches darüber gedacht und geschrieben worden. Vom arbeitsfreien Paradies, vom Schlaraffenland, von der Arbeit als Pflicht und Last, bis hin zur politischen Forderung zum Recht auf Arbeit, fast alle nur möglichen Gedanken wurden ausgesprochen.

Wir meinen, daß dem Menschen drei wesentliche Fähigkeiten durch die Schöpfung und Entwicklung einverwoben sind, die ihn eigentlich erst zum Menschen machen, und zwar um so mehr, je besser es ihm gelingt, diese Fähigkeiten zu entwickeln, zu verstärken, sie aber auch in eine rechte Harmonie zu bringen, um sie dann so selbstlos wie möglich anzuwenden.

Es sind das: Denken, Fühlen, Wollen.

Denken äußert sich im Haupte durch Gedanken und gibt dem Menschen Bewußtsein. Es kann gerichtet sein auf sich selbst, an andere Menschen und Dinge, an eine höhere Welt.

Fühlen wurzelt im Herzen, und man kann es erleben, im Empfinden und in der Liebe. Auch dies kann sich beziehen auf sich selbst, andere Menschen, Brüder, Freunde oder gar im Idealfall des Evangeliums auf Feinde und die ganze Menschheit.

Wollen wirkt durch das Tätigsein; vor allem der Glieder, insbesondere in der Arbeit. Auch hier kann man wirken, alleine für sich, für den Bruder, für alle, die es brauchen, für eine gute Zukunft der Welt.

Flink springt das Denken aus dem Kopf,
eilt allem voraus,
plant, überlegt, urteilt wach,
weiß alles sofort.
Behäbig folgt das Wollen dem Denken
und tut, nahezu schlafend,
mit Händen und Füßen
was der Kopf gedacht.
Das Herz aber, wenn man auf es hört,
spricht ahnend wie im Traum
ob das was zu tun ist, recht oder unrecht sei,
zum Nutzen, zur Freude
oder zum Schaden der Welt.

So gibt der Gebrauch dieser menschlichen seelischen Fähigkeiten einer ganzen Skala von Möglichkeiten Raum. Vom krassen Egoismus bis hin zum altruistischen, selbstlosen – eben sozialen Wirken.

Das klingt bestimmt manchem sehr theoretisch, aber wenn man sich mit diesen, von Dr. Steiner ausgesprochenen Gedanken länger befaßt, fällt auf vieles, das uns schwierige Fragen stellt, ein klärendes Licht. Nun können wir hier nicht auf alles eingehen, was sich aus diesen Gedanken ergibt – vielleicht versuchen Sie selber einmal damit umzugehen – lediglich zwei Gedanken, die mit unserem Thema der »Arbeit« zusammenhängen, möchten wir gerne andeuten.

Die Menschenwürde ist uns ja im Grundgesetz zugesichert. Das genügt aber nicht, um sie zu realisieren. Dazu muß jeder das Seine beitragen, und zwar im Einsatz, im Pflegen, im Erringen von Denken, Fühlen (Liebe) und Wollen (Arbeit).

Fehlt eines oder tritt eine Fähigkeit stark hervor, ist die Menschenwürde in Gefahr. Fehlt einem Einzelnen aus Schicksalsgründen eine dieser seelischen Eigenschaften oder sind seine Möglichkeiten durch eine Behinderung eingeschränkt, sollte es ein Anliegen der anderen sein, diesen Mangel helfend auszugleichen. Dies sehen wir als unseren Auftrag im Dorf und in den Werkstätten. Nicht etwa nur aus Nächstenliebe oder Mitleid, sondern auch, weil durch die nicht dargelebte Menschenwürde Einzelner die der Gesamtheit leidet.

Was sich in unseren Werkstätten zeigt, ist eine deutliche Antwort, die viele Besucher spüren und bestätigen. Freude an der Arbeit, im Erleben des Tuns, des miteinander Schaffens, des Tätigseins für andere, die es brauchen, für etwas, das nützlich, vielleicht sogar schön ist und anderen Freude bereitet.

»Seht mal, das können wir und tun es gern und mit Freude.«

Wofür und weshalb? Ja, weil das ganz natürlich und eben menschlich ist.

»Und der Lohn?«

Das ist das zweite, das anzusprechen unser Wunsch ist.

Unsere Produkte sind etwas wert, das sagen die, die sie erwerben wollen, und das wissen wir, denn sie sind nützlich und schön. Deshalb sollen sie einen Preis haben, so hoch als eben angemessen. Für unsere Arbeit aber einen Lohn, eine Leistungsprämie, einen Entgelt oder wie immer es genannt wird, sollten wir nicht wollen, denn das, was so zu uns gehört, wie das Denken, Lieben, Fühlen, Wollen – eben Arbeiten – kann man nicht bezahlen, ohne die Menschenwürde zu verletzen. Bei der Liebe sehen das die meisten noch ein. Beim Denken fällt es schon schwerer, denn man macht sich nicht bewußt, daß dem, der beruflich denkt, nicht das Denken bezahlt wird, sondern das Ergebnis, sein Buch, seine Er-

findung oder was es gerade ist. Aber darauf hingewiesen, erkennt man das bald gerne an. Bei der Arbeit wird das heute nicht so leicht verstanden. Hat man aber einmal eingesehen, daß Arbeit so intim zum Wesen des Menschen gehört wie Liebe (Fühlen) und Denken, leuchtet bald ein, daß man Arbeit nicht bezahlen kann wie eine Ware. Vieles, was heute in der Welt Unbehagen auslöst, alle die sozialen Probleme, die zu den bekannten tragischen Spannungen führen, haben u. a. ihren Ursprung in diesem geheimnisvollen Zusammenhang.

Hier möchten wir neue Wege und Lösungen suchen. Das ist nicht leicht, und mancher vergebliche Versuch liegt hinter uns, und noch manchen weiteren werden wir unternehmen müssen. Gemeinsam, wir alle, die Mitarbeiter mit unseren Dörflern, denn von ihnen können wir unmittelbar im Erleben vieles lernen, was uns fehlt, und die Bestätigung erhalten: Das ist eine gute Richtung, auch wenn manche es nicht recht verstehen können.

Wir wollen hoffen, daß es gut weitergeht und daß es uns gelingt, in Zukunft noch freier zu werden, unsere Handlungen aus höherer Einsicht zu leiten und immer mehr Orden zu schaffen, an denen Heilsames für die Zukunft entstehen kann. Auf diesem Wege wünschen wir uns viele helfende Freunde.

Nun wird vielleicht der eine oder andere fragen, »wie läuft das so ab im Tages- und Jahreslauf?« Ja, eben wie in einem normalen Dorf!

Das heißt, nach dem Aufstehen wird die Morgentoilette gemacht, das dauert vielleicht ein bißchen länger wie bei manchem anderen, dann wird in den Familien gemeinsam gefrühstückt und nach dem Frühstück bleibt noch einige Zeit, um aufzuräumen und die Betten zu machen.

Wer das nicht alleine kann, dem hilft ein anderer. Um 9.00 Uhr gehen dann die Menschen, die in den Werkstätten beschäftigt sind, ob Dörfler oder Mitarbeiter, in die Werkstatt und arbeiten dort bis Mittag 12.00 Uhr. Dann geht man wieder zurück in die Familien, um dort ein gemeinsames Mittagessen einzunehmen. Von 14.00 Uhr bis 17.00 Uhr ist wieder Arbeit in den Werkstätten. Gruppeneurhythmie, Sprachgestaltung, Massage oder Schwimmen, je nach Notwendigkeit, kann man während oder außerhalb der Arbeitszeit erhalten. Diejenigen, die im Hause bleiben, halten das Haus sauber, waschen die Wäsche, bügeln, flicken und bringen das Essen auf den Tisch. Die einzelnen Haushalte und die einzelnen Werkstätten sind sehr selbständig und in ihren täglichen Dispositionen frei.

Vor dem Abendbrot gibt es dann die Möglichkeit, spazieren zu gehen, etwas zu besorgen, manche haben kleine Aufgaben wie Milchholen usw., Aufräumen, ein Buch lesen, sich unterhalten oder eben nur auf das Abendbrot warten.

Der Feierabend – das Feiern überhaupt – hat eine ganz besonders große Bedeutung für unser Leben im Dorf. In besonderer Weise werden die großen christlichen Jahresfeste im Sinne der Evangelien sorgfältig und ausführlich begangen. Selbstverständlich ist die christliche Gestaltung des Sonntags, der immer mit einem Evangelienabend am Samstagabend eingeleitet wird. Jeden Abend besteht die Möglichkeit zur Teilnahme an Veranstaltungen wie Singen, Vorträge, Musizieren, Tanzen, Gespräche, Spazierengehen, Schwimmen, Spielen.

Zwei- bis dreimal im Monat gibt es Konzerte. Dank eines besonderen Schicksals ist es gelungen, bedeutende Künstler zu gewinnen, die in Sassen Konzerte geben.

Einmal im Monat findet die sogenannte »Dorfversammlung« statt, in der neue Mitbürger begrüßt, andere verabschiedet werden, in der Gelegenheit ist, Wünsche vorzubringen oder sich über bestimmte Probleme, beispielsweise die Abendgestaltungen, abzusprechen. Es ist sehr schwer, dem Leser über den Charakter und die Stimmung und das Niveau dieser Veranstaltungen einen lebendigen Eindruck zu vermitteln. Am liebsten würden wir jeden, der darüber mehr erfahren will, einladen. Aber das geht leider nicht, weil unsere Platzverhältnisse mittlerweile so eng geworden sind, daß die Räumlichkeiten für uns alleine kaum ausreichen. Immer wieder hören wir von Künstlern und Gästen, wie tief sie beeindruckt sind von der herzlichen, aufmerksamen und dankbaren Stimmung der Zuhörer.

Das war ein Versuch, einmal etwas Konkretes aus dem Leben darzustellen, eigentlich alles ganz natürliche und selbstverständliche Dinge. So wird probiert, dem Seelenbereich des Fühlens im Menschen eine Nahrung zu geben, die ihn in dem Punkte stärkt und kräftigt, aus dem heraus er das Gleichgewicht zwischen dem Denken und dem Wollen zu finden in der Lage ist. Oft wird uns die Frage gestellt, ob denn diese Dinge alle von den Zuhörern in unserem Dorf verstanden werden. Es ist deutlich zu erleben, daß dies der Fall ist und zwar umso stärker dann, wenn es gelingt, aus der Erkenntnis heraus den betroffenen Menschen gegenüberzutreten, daß sie in ihrer Persönlichkeit, dort wo sie Mensch sind, nicht behindert sind, daß ihre Persönlichkeit hinter dem behinderten Erscheinungsbild voll entwickelt ist und nur aus den bestimmten Schicksalsursachen nicht in der Lage ist, sich so zu äußern und zu erkennen zu geben, wie man es im Normalfall erwartet und gewöhnt ist. Hat man diesen Gedanken, der aus anthroposophischer Menschenerkenntnis stammt, erfaßt, gewinnt die nichtbehinderte Persönlichkeit als Gegenüber mehr und mehr an Bedeutung, die Behinderung tritt zurück, der Raum zu Ehrfurcht und Anerkennung des Menschen wird größer.

Die Lebensgemeinschaft in Zahlen:
(Stand 31.12.81, in Klammern Ziel 1990)

Dörfler	164	(240)
Mitarbeiter (Vollkräfte)	72	(110)
davon		
im Haus	44	(65)
in der Werkstatt	22	(35)
in der Verwaltung	6	(10)
Familien	19	(28)

Rechtsform: Eingetragener Verein beim Amtsgericht Lauterbach

Grundeigentum: Sassen 65 ha, Richthof 43 ha, zusammen 108 ha

Werkstätten: Vogelschutzgeräte, Peddigrohr, Dekorkacheln, Weberei, Spinnerei, Kerzenzieherei, Landwirtschaft (70 ha und 90 Großvieheinheiten), Tische, Möbel, Töpferei, Ofenkacheln, Kupfertreiberei und Emaillieren, Gärtnerei 6000 qm, Hauswirtschaft, Bäckerei

Alle Werkstätten sind nach §52 SchwbG. ff. anerkannt. Verkauf: Sassen und Richthof.

Bild links:
Festsaal mit Bild
von Rudolf Steiner

Ganzseitiges Bild
auf der Rückseite:
Hofgut Sassen

Die Schlitzerländer Tierfreiheit
Von E. Hoffmann

Im Jahr 1971 äußerte Otto Hartmann, Graf von Schlitz, genannt von Görtz, gegenüber dem ehemaligen Tierpark-Besitzer Kurt Fehmann den Wunsch, sein 176 Hektar großes Wald-, Wiesen- und Teichgelände für die Öffentlichkeit zu erschließen. Dieser nahm sich der Aufgabe selbst an, pachtete das ganze Gelände und gründete zusammen mit einem Gesellschafter die »Schlitzerländer Tierfreiheit GmbH und Co.KG«.

Für die Erledigung der kaufmännischen und steuerlichen Aufgaben wurde von Anfang an Frau Else Hoffmann, Berlin, gewonnen, die im Jahr 1976 die Gesellschaftsanteile kaufte und damit alleinige Inhaberin des Tierparks wurde.

Aufgrund der Erfahrungen des Gründers wurde ein ganz neues Konzept der Tierdarstellung in Angriff genommen, das im Laufe der Jahre verwirklicht werden konnte.

Die feierliche Eröffnung erfolgte am 4. Oktober 1971. Graf Görtz erklärte dabei in einer Rede, daß dies für ihn kein Tag der Trauer, sondern ein Tag der Erfüllung sei.

So schienen alle Voraussetzungen für eine kontinuierliche Entwicklung gegeben zu sein. Diese wurde jedoch mehrfach gehemmt, vor allem durch die Veräußerung des gesamten Geländes nach dem Tode von Otto Hartmann, Graf von Görtz, an drei neue Eigentümer. Inzwischen ist jedoch durch die Verlängerung des Pachtvertrages die Zukunft gesichert!

Bei der Gründung stellte sich die Frage, ob es zu vereinbaren sei, Tiere eingefriedet zu halten und dies »Tierfreiheit« zu nennen. Daher wurden folgende Grundsätze erarbeitet:

1. Unterbringung in unbeengter, natürlicher und artgerechter Umgebung: Wald, Wiese, Wasser, Höhle, Wechselgehege.
2. Möglichkeiten der Beibehaltung wichtigster Lebensgewohnheiten: Äsen, Suhlen, Bewegen, ungestörtes Ruhen.
3. Besitz von Ausweich-, Flucht- und Versteckgelegenheiten zur Verhinderung von Angst- und Aggressionszuständen.
4. Vermeidung von Störungen und Gefährdungen des Lebensablaufes, deshalb keine Autodurchfahrten.
5. Verzicht auf Dressuren: Kein Quälen, kein Verbilden.
6. Voraussetzungen für Nachwuchs-Aufzucht: Geburtskabinen, Brutstätten, Absonderung tragender Tiere.
7. Bildung von Tiernachbarschaften und Tierfreundschaften durch richtige Wahl bei Vergesellschaftungen.

Diesen Erkenntnissen weitgehend nahezukommen ist das Bemühen der Schlitzerländer Tierfreiheit!

In der freien Wildbahn leben Tiere auch nicht ohne Begrenzungen. Diese schaffen sie sich durch Markierung von Revieren und deren Verteidigung. In der Schlitzerländer Tierfreiheit erhalten die Tiere den notwendigen Schutz ihres Lebensraumes durch großzügig angelegte Gehege, wobei ihre Bedürfnisse berücksichtigt und ihre Bewegungsfreiheit nicht eingeschränkt werden. Es geht hier also nicht nur um eine Zurschaustellung von Tieren, sondern darum, sie in einer Umgebung zu zeigen, die ihnen das Beibehalten ihrer Lebensgewohnheiten ermöglicht.

Da es in der Schlitzerländer Tierfreiheit keine enge Anreihung von Tiergehegen gibt, sondern fast alle umgehbar und voll einsehbar sind, erlebt der Besucher die Tiere mehr als anderswo. Er kann durch aufmerksames Beobachten viel vom Wesen der Tiere erkennen, weil sie nicht nur stumpfsinnig herumzustehen brauchen. Ihr sichtbares Wohlbefinden und die Vielzahl der Geburten sind Bestätigung für die Richtigkeit dieser Art der Tierdarstellung.

Weil sich die Tiere aber die Freiheit nehmen können, nicht immer präsent zu sein, braucht der Besucher liebevolle Geduld, um sie alle aufzuspüren. Das Besondere der Schlitzerländer Tierfreiheit heißt also: Erleben durch Entdecken!

Das Füttern aller Tiere ist erlaubt, um die Besucher zur Kontaktaufnahme zu ermuntern. Es wird allerdings erwartet, daß kein Tier durch Ärgern oder Necken enttäuscht wird.

Die Teirfreiheit beherbergt inzwischen etwa 30 Säugetierarten, davon 15 einheimische und 15 exotische. Außerdem sind die Teiche mit allerlei Wassergeflügel bevölkert, und in mehreren Volieren werden Vögel gehalten – insgesamt etwa 20 Arten. Auch bei seltenen Tierarten ist bereits die Zucht gelungen, wie z. B. Alpaka, Dromedar, Weißschwanz-Gnu, Zwerg-Zebu.

Zu einer besonderen Attraktion ist die Braunbärenzucht geworden. Wer einmal erlebt hat, wie die Bären sich dem Menschen verständlich machen können, wird ihnen immer wieder einen Besuch abstatten wollen. In jedem Frühjahr gibt es eine Anzahl Braunbären-Babys zu bewundern, darunter Zwillinge, Drillinge und manchmal sogar Vierlinge.

Auf dem ganzen Gelände laden Bänke, Tische, Sitzgruppen und Grünflächen zur Rast und zum Picknickmachen ein. Reizvolle Teiche mit Seerosen, Karpfen, Forellen und Wassergeflügel bieten besondere Anziehungspunkte. Im Wald stehen die höchsten Lärchen Europas.

Für Kinder wurden Spielplätze angelegt. Der Parkplatz für Autos und Busse ist gebührenfrei. Die Eintrittskarten berechtigen am Lösungstage zum wiederholten Verlassen und Betreten des Tierparks. Die Schlitzerländer Tierfreiheit ist ganzjährig geöffnet von 9.00 Uhr früh bis zum Einbruch der Dunkelheit.

Von der Schöpfungsgeschichte her ist das Tier eng mit dem Menschen verbunden. Dies bewußt werden und neu erleben zu lassen ist das Anliegen der Tierfreiheit. Hier soll ein »Fast-Paradies« bewahrt bleiben, wie es in der heutigen Zeit selten geworden ist.

Die Limnologische Flußstation und ihre Arbeit

Von Dr. M. P. D. Meijering

Die Limnologische Flußstation in Schlitz besteht seit 1951. Besucher der Stadt sind zumeist etwas ratlos, wenn sie zum ersten Mal den Namen der Station hören: »Was ist Limnologie?«. Die Antwort lautet: »Binnengewässerkunde«. Es folgt nach dieser Erläuterung sogleich und immer die zweite Frage: »Wie kommt diese Einrichtung ausgerechnet nach Schlitz?« Nun, alles ist irgendwo hingekommen und hat seine Vorgeschichte, so auch die Flußstation, und deren Historie verdient es, mitgeteilt zu werden. Sie reicht zurück in die ersten Jahre nach dem 2. Weltkrieg, bekannt als »schlechte Zeit, in der niemand was hatte«.

Nachfolgende Jahre, »in denen alle was hatten«, sind inzwischen ins Gerede gekommen, und häufig erinnert man sich der Nachkriegszeit nun als gute Zeit großer Hoffnungen, mutiger Unternehmungen, genügsamer Improvisation. Wo diese (zufällig) ansetzten, standen Wiegen von Institutionen, die sich aber nur dann etablieren und entfalten konnten, wenn sich deren Lebensbedingungen (weniger zufällig) als günstig erwiesen. Also: Limnologisches Saatgut flog in das Einzugsgebiet der oberen Weser, fiel auch auf das Ufer der Schlitz, kurz vor deren Einmündung in die Fulda, keimte dort aus und erhielt zunächst den Namen »Fuldastation«, heute noch zu lesen auf einer Gedenktafel am Hauptgebäude der Limnologischen Flußstation, und damit sind wir schon mitten in der Geschichte.

Der Plan, ein »limnologisch-fischereibiologisches Institut« zu gründen, entstand im Sommer 1946 bei dem Göttinger Studenten M. Scheele.

Er sammelte gleichgesinnte Studienfreunde um sich, unter ihnen E. J. Fittkau, J. Illies, H. W. Jannasch, K. Müller und W. Schmitz, und stellte sich gemeinsam mit ihnen unter die wissenschaftliche Führung von Professor Dr. D. Beling, dem früheren Leiter einer hydrobiologischen Station in Kiew am Dnjepr. Man entschloß sich, zunächst noch ohne jede wissenschaftliche Behausung, ein ganz innerhalb Deutschlands gelegenes und deshalb von der Quelle bis zur Mündung erreichbares Flußsystem, das der Weser und seiner Quellflüsse Fulda und Werra zu untersuchen. Der Gesichtspunkt der Erreichbarkeit muß unter den politischen Gegebenheiten der späten 40-iger Jahre gesehen werden, als die deutschen Außengrenzen weitgehend geschlossen waren, die zwischen Ost- und Westdeutschland aber noch offen.

Eine erste orientierende, vorwiegend biologische Expedition führten die jungen Limnologen an der Fulda durch und bereisten deren Lauf von den Quellen auf der Wasserkuppe in der Rhön bis zum Zusammenfluß mit der Werra bei Hannoversch Münden, und zwar im Herbst 1948, kurz nach der Währungsreform in den Westzonen Deutschlands. Trotz großer finanzieller und organisatorischer Schwierigkeiten war dies zugleich das Geburtsjahr der »Limnologischen Flußstation Freudenthal« bei Witzenhausen an der Werra. Sie wurde durch die Fürsprache von Professor Dr. A. Thienemann, dem Direktor der Hydrobiologischen Anstalt Plön, diesem späteren Max-Planck-Institut für Limnologie angegliedert und damit abgesichert.

Die Freudenthaler Limnologen gestalteten eine Ausstellung über »Das Leben unserer Heimatgewässer«, zeigten sie in Göttingen und, einer Anregung des hiesigen Sportfischerei-Vereins folgend, im Sommer 1949 auch in Schlitz (Abb. 1). Diese Ausstellung beeindruckte den Grafen Otto-Hartmann von Schlitz, genannt von Görtz. Er stellte den Limnologen ein Gebäude zur Verfügung, ließ es von der gräflichen Verwaltung einrichten und übergab es dann als »Fuldastation der Limnologischen Flußstation Freudenthal« Professor Thienemann, der es ebenso wie die »Werrastation« der Hydrobiologischen Anstalt Plön angliederte. Das geschah am 4. Juni 1951, dem Geburtstag der Limnologischen Flußstation Schlitz. Es folgte noch die Gründung einer »Weserstation« in Hannoversch Münden.

Die Max-Planck-Gesellschaft beschloß gegen Ende der 50-iger Jahre, die Mittel für die drei kleinen Flußstationen auf eine zu konzentrieren. Sie entschied sich für die »Fuldastation« in Schlitz. Nun wird jedem die Tafel am Hauptgebäude (Abb. 2) der Station, die an den 4. Juni 1951 erinnert, verständlich sein.

Was erforschte die Schlitzer Flußstation in den ersten drei Jahrzehnten ihres Bestehens? Dies zu erklären erfordert einige Vorbemerkungen zur Wissenschaft der Limnologie. Sie ging aus der Hydrobiologie hervor und ist ein Zweig der Ökologie.

Die Hydrobiologie ist die Lehre vom Leben im Wasser. In ihr erkunden Biologen die Fauna und Flora unserer Gewässer und erforschen die Pflanzen und Tiere als Einzellebewesen.

Die Limnologie oder Binnengewässerkunde betrachtet darüberhinaus auch alle Wirkungen, die von Lebewesen auf ihren Lebensraum ausgehen und umgekehrt. So führt etwa die Atmung der Organismen zu einer Verringerung des Sauerstoffgehalts im Wasser, der Stoffwechsel grüner Pflanzen besonders zur Mittagszeit zu einer Anreicherung des Wassers mit Sauerstoff. Will man den Sauerstoffgehalt des Gewässers verstehen, so muß man viele Vorgänge gemeinsam sehen: Den Sauerstoffeintrag ins Gewässer aus der Luft, der umso wirksamer ist, je größer dessen relative Oberfläche ist, aber auch die Sauerstoffbildung der Pflanzen im Wasser, den Sauerstoffaustrag in die Luft bei durch Pflanzenstoffwechsel mit Sauerstoff übersättigtem Wasser, aber auch den Sauerstoffverbrauch durch die Atmung von Pflanzen und Tieren. Man untersucht also das Gewässer als ein Ökosystem von belebten und unbelebten Faktoren, welche alle miteinander in Wechselbeziehungen stehen.

Die Limnologische Flußstation untersucht vorwiegend Fließgewässer im Schlitzerland. Die Kenntnis dieser Quellen, Bäche und Flüsse soll beispielhaft für andere Fließgewässer sein, in Hessen, in Deutschland und noch weit darüber hinaus. Bei unseren Untersuchungen handelt es sich um die Fulda (22 km auf dem Gebiet des Schlitzerlandes) und um die Schlitz (11 km auf Schlitzerländer Gebiet), zwei Flüsse, in die fast alle Bäche des Schlitzerlandes einmünden. Von diesen Bächen werden vorwiegend der Breitenbach und der Rohrwiesenbach untersucht: der Breitenbach mündet unterhalb von Pfordt von Osten kommend in die Fulda ein, der Rohrwiesenbach entspringt auf den Hängen des Eisenberges, mündet beim Schlitzer Wasserwerk in den Sengelbach, der seinerseits im Schloßpark die Schlitz erreicht. Einige wichtige Quellen, die regelmäßig erforscht werden, sind die Breitenbachquelle an der Schlitzerlandgrenze und eine Kalkquelle des Rohrwiesenbaches.

Abb. 1: Ausstellung »Das Leben unserer Heimatgewässer« im Sommer 1949 in der Turnhalle in Schlitz. Mit weißem Kittel: Joachim Illies (†), Leiter der Flußstation von 1951 bis 1958 und von 1965 bis 1982 (Bild rechts).

Abb. 2: Hauptgebäude der limnologischen Flußstation (Bild unten, Foto von 1951).

Die Erkundung aller Faktoren, belebter und unbelebter, die gemeinsam die Systeme Quelle, Bach oder Fluß ausmachen, ist schon so weit vorangeschritten, daß allgemeingültige Aussagen über sie gemacht werden können, so etwa über die Verteilung verschiedener Temperaturen in Fließgewässern. In Quellen sind sie ganzjährig fast konstant und entsprechen der mittleren Jahrestemperatur der Luft in einer Region. Die kleinen Unterschiede hängen mit der Höhenlage einer Quelle, ihrer Lage zur Sonneneinstrahlung (Himmelsrichtung) und damit zusammen, ob sie in der Flur oder im Walde liegen. Man findet im Schlitzerland Quelltemperaturen zwischen 6,5 und 8,5 Grad Celsius. Die Bachtemperaturen schwanken zunehmend, je weiter man sich von den Quellen entfernt, im Laufe von Tag und Nacht, aber nur mäßig im Laufe der Jahreszeiten. Das ist eine Folge einerseits der noch größeren Quellnähe, andererseits der noch kleinen Wasserkörper mit sehr innigem Kontakt zur Luft. In Flüssen mit ihren großen Wasserkörpern findet man dagegen zwischen Tag und Nacht nur geringfügige Schwankungen der Temperatur (Abb. 3), sehr starke jedoch im Laufe der Jahreszeiten. Im Sommer erwärmen sich die Bäche bis auf 14-16 Grad, die Flüsse auf etwa 22 Grad. Und von diesen Temperaturen hängt für die Lebewesen in den Gewässern vieles ab.

Ebenfalls interessant ist die Verteilung von lebenswichtigem Sauerstoff in Fließgewässern. Das in Quellen aus dem Dunkel des Untergrundes zutage tretende Wasser ist mehr oder weniger sauerstoffarm. Grundwassertiere haben einen Teil des Sauerstoffs veratmet, der wegen mangelnden Luftkontaktes und Fehlens von grünen Pflanzen, die Sauerstoff produzieren, im Grundwasser nicht ersetzt werden konnte. So enthält die Kalkquelle des Rohrwiesenbaches nur etwa die Hälfte des Sättigungswertes für Sauerstoff, die starke Breitenbachquelle, deren Wasser luftreiche, unterirdische Hohlräume durchquerte, verfügt ständig über mehr als 90 % Sauerstoff und ist entsprechend reich besiedelt. Bäche sind immer sauerstoffgesättigt, höchstens im Walde leicht untersättigt. Das Wasser der Bäche ist immer in engem Luftkontakt, ihre kleinen Wasserkörper tauschen ständig Sauerstoff mit der Luft aus. Große Flüsse haben eine relativ kleinere Wasseroberfläche. Die Flußpflanzen produzieren am Tage Sauerstoff, nachts wird hingegen nur geatmet. So schwanken die Sauerstoffwerte um den Sättigungswert, liegen mittags darüber und morgens am Ende der Nacht darunter. Auch vom Sauerstoff hängt für die Lebewesen der Gewässer vieles ab.

Temperatur und Sauerstoff sind physikalische und chemische Gewässerfaktoren. Sie dienen hier als Beispiele für viele andere, die in Gewässern wirksam sind, alle in der Flußstation untersucht werden, hier jedoch nicht angesprochen werden können. Ein sehr auffälliger physikalischer Faktor sollte aber doch hervorgehoben werden: Die für Fließgewässer so charakteristische Strömung. In Quellen tritt sie nur manchmal auf, nämlich in sogenannten Fließquellen, in denen das Wasser bereits gebündelt zumeist aus Hängen heraustritt. Eine schöne Fließquelle ist die Breitenbachquelle. Daneben gibt es aber auch Sumpfquellen, wo das Wasser unmerklich an die Erdoberfläche sickert, wie etwa die Kalkquelle des Rohrwiesenbaches auf dem Eisenberg. Schließlich gibt es Tümpelquellen, in denen Wasser von unten her in einen Quelltopf quillt, aus dem es dann oben abläuft; eine solche liegt im Rimbachtal. Sumpf- und Tümpelquellen

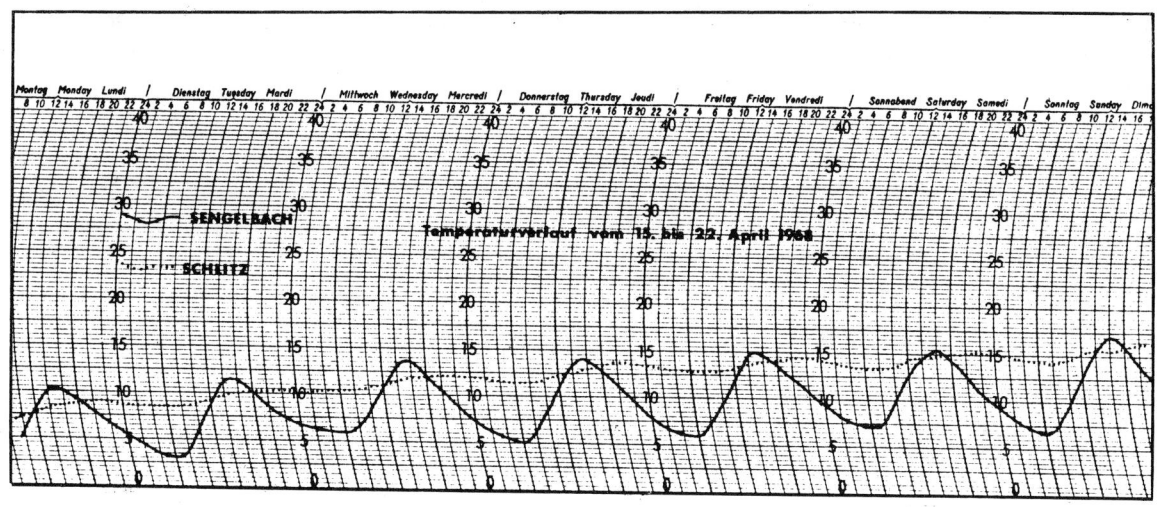

Abb. 3: Temperaturkurven einer Woche in einem Bach und einem Fluß (Sengelbach und Schlitzfluß).

enthalten kaum Strömungen. Diese kommen aber in Bächen, besonders in Hügel- und Berglandschaften voll zur Geltung. Charakteristisch für Bäche ist, daß sie ein sehr feines Strömungsmosaik aufweisen, in dem die Bedingungen ständig wechseln. In kleinen Schußstrecken zwischen Steinen können auch in Schlitzerländer Bächen Strömungsgeschwindigkeiten von mehr als 2 Meter pro Sekunde gemessen werden, während oft gleich daneben, etwa im Schatten von Steinen, überhaupt keine Strömung mehr meßbar ist. Auch Flüsse weisen starke Strömungen auf, jedoch mehr zusammenhängend in Stromstrichen, wobei sich zugleich größere Buchten und Bereiche ausbilden, die kaum oder keine Strömungen aufweisen. Überhaupt wird am Boden des Gewässers die Strömung gebremst, so daß eine wenige Millimeter dicke,

strömungsarme bis -freie Schicht entsteht, in der die meisten Bachtiere leben.

In europäischen Fließgewässern sind mehr als 5800 Tierarten (Einzeller nicht mitgerechnet) beheimatet. Mehr als die Hälfte, nämlich über 3100 findet man ausschließlich in Quellen, Bächen und Flüssen. Die Fauna ist also hochgradig spezialisiert, nicht zuletzt auf ein Leben in der Strömung. Die Mehrzahl der Tierarten in Fließgewässern sind Insekten, z. B. Steinfliegen, Köcherfliegen oder Eintagsfliegen, deren Larven im Gewässer heranwachsen, deren fliegende Stadien jedoch an Land gehen, sich dort verpaaren, um dann wiederum Eier im Bach abzulegen. Solche Insekteneier findet man häufig an Steinen festgeklebt.

Besonders bei den Insektenlarven gibt es schöne Beispiele für Anpassungen an die Strömung.

Sehr viele sind stark abgeplattet und drücken sich fest gegen den Untergrund (Abb. 4). Damit nutzen sie die dünne Grenzschicht der durch Reibung gebremsten Strömung aus, schleichen sozusagen unter dem strömenden Wasserkörper her und entgehen damit dessen Schwemmwirkung. Besonders wichtig ist das für Arten, die den Algenbelag von der Oberseite im Bach liegender Steine abweiden. Solche haben auch andere Anpassungsmerkmale entwickelt, wie etwa zahlreiche Saugnäpfe auf der Bauchseite, die bei der Fortbewegung nie alle gleichzeitig loslassen, so daß die Tiere, es handelt sich um Lidmückenlarven, immer fest mit dem Untergrund verbunden bleiben. Andere Arten legen Spinnfäden aus, an denen sie gewissermaßen vor Anker gehen (Kriebelmückenlarven).

In sauberen Waldbächen, so z. B. im Rohrwiesenbach, findet man große Mengen von 1-2 cm großen Flohkrebsen (Abb. 5). Sie leben vorwiegend von Fallaub und haben deshalb einen stets reich gedeckten Tisch. Die Flohkrebsarten der Fließgewässer, in Osthessen finden wir drei, sind eng mit Flohkrebsen der Meeresküsten verwandt, die ebenfalls Strömungen angepaßt sind, wie sie dort in der Brandung und dem Bereich der Gezeitenströme auftreten. Marine Flohkrebse neigen dazu, periodisch in Flußmündungen einzuwandern, allerdings nicht weiter, als wo das Wasser zumindest noch brackig ist. Diese Wanderungen gegen die Strömung haben die Fließwasserarten im Binnenland beibehalten. Besonders im Juni und Juli, und dann morgens nach kühlen Nächten, sieht man oft nahe dem Ufer Flohkrebse in langen Ketten bachaufwärts wandern, so z. B. im Rohrwiesenbach. Mit diesen Wanderungen, die sich über Hunderte von Metern hinziehen können, gleichen die Flohkrebse einen großen Teil der Geländeverluste aus, die sie im Laufe des Jahres erleiden, und behaupten so ihren stark und einseitig durchströmten Lebensraum. Flohkrebse sind sehr reaktionsschnell und huschen gezielt von einer Deckung zur anderen, leben also vorwiegend in Totwasserräumen im Strömungsschatten von Steinen. Ihre Siedlungsdichte kann sehr hoch sein: Im Rohrwiesenbach am Fuße des Eisenbergs wurden 3600 erwachsene Tiere pro Quadratmeter Bachgrund gefunden, und je nach Jahreszeit noch die drei bis fünffache Menge an Jungen im Sand des Bodensubstrats!

Flohkrebse und Insektenlarven sind die wichtigste Nahrung der Fische. In kleinen Bächen handelt es sich besonders um Bachforellen, die hier in Europa heimisch sind, während die in Teichen aufgezogene Regenbogenforelle, die man in Restaurants serviert bekommt, ursprünglich aus Seen und Flüssen der Bergregionen zwischen dem nördlichen Mexiko und den Aleuten (Alaska) stammt und hier bei uns eingebürgert wurde. Bachforellen leben in Kolken, gern unter überhängenden Uferkanten und hinter Wurzelwerk von am Bach stehenden Erlen. Sie lauern auf abdriftende Kleintiere wie Flohkrebse und Insektenlarven, erbeuten aber auch fliegende Insekten über der Wasseroberfläche.

Eine wichtige Aufgabe der Flußstation ist es, die Zusammenhänge zwischen den vielen Tierarten aufzudecken, die sich über sogenannte Nahrungsketten ergeben. Diese produktionsbiologischen Probleme verfolgt man mit messenden und zählenden Methoden. Auffällig und international bekannt ist die Gewächshausmethode zur Messung der Emergenz. Unter Emergenz versteht man die Gesamtheit aller im Laufe des Jahres den Bach verlassenden Insekten, die zu-

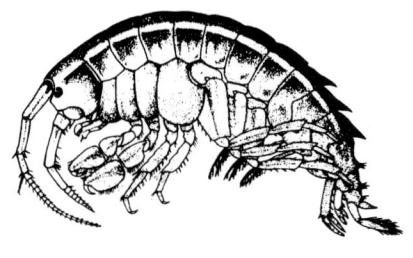

Abb. 4: Larve einer Steinfliege, Perla marginata
(Foto: Dr. G. Richter).

Abb. 5: Flußflohkrebs Gammarus roeseli
(nach Hoffmann, 1963).

vor als Larven im Wasser lebten. Bestimmte Bachstrecken werden mit einem Glashaus überstülpt. Täglich werden dann alle ausgeflogenen Insekten mit Staubsaugern eingesammelt und später in der Flußstation von Spezialisten bestimmt. Hierbei fallen sehr große Tierzahlen an, pro Jahr und laufende Meter Bach etwa 5000! Man kann genau verfolgen, wann die einzelnen Arten ihre Flugzeiten haben, welche von großer und welche von mehr untergeordneter Bedeutung sind, und vor allem kann man mit einer derart wirkungsvollen Sammelmethode auch seltene Arten feststellen. Die Zahl der Tierarten im Breitenbach, an dem die Gewächshäuser stehen (Abb. 6), dürfte insgesamt bei etwa 1000 liegen, wovon etwa die Hälfte Insektenarten sind. Das sind also im erstbesten Bach, der allerdings zur Zeit als das bestbekannte Fließgewässer gelten kann, immerhin schon etwa 20 % des Artenbestandes in den Fließgewässern Europas. Kein Wunder, daß im Breitenbach Arten gefunden wurden, die neu für Hessen, neu für Deutschland, neu für Europa und auch neu für die Wissenschaft waren, wie Isoperla goertzi, eine nach Graf Görtz, dem Stifter der Fuldastation, benannte Steinfliege.

Die Lebensweise der wichtigsten Bachbesiedler wird in Schlitz auch experimentell untersucht. Die Aquarien des Instituts müssen den Faktor Strömung erhalten, was sie sehr aufwendig macht. Es gibt mehrere Rinnenanlagen, von denen eine unmittelbar vom Mühlgraben der Schlitz gespeist wird (Abb. 7). Die Anlage liegt in der Hallenmühle, einem Nebengebäude der Flußstation. Sie stammt aus dem Jahre 1790 und wurde 1910 zu einem kleinen gräflichen E-Werk umgebaut. Seit 1968 gehört es nun auch der Max-Planck-Gesellschaft, und an der Stelle der früheren Turbine stehen jetzt vier Experimentiergerinne.

Abb. 6: Emergenzforschung: Gewächshäuser am Breitenbach (Bild links, Foto: Blachian).

Abb. 7: Versuchsgerinne in der Hallenmühle (Bild rechts, Foto: Blachian).

In Gerinnen kann man die auch in der Natur wirksamen Umweltfaktoren variieren und damit ihre Bedeutung für die Bachtiere ergründen. So kann etwa die Strömung, das Bodensubstrat, der Chemismus des Wassers oder das Licht verändert werden. Auch gibt es Möglichkeiten, Tiere ihren Aufenthaltsort in den Rinnen wählen zu lassen, so daß erkennbar wird, ob sie stärkere oder schwächere Strömungen bevorzugen, Dunkelheit aufsuchen und vieles andere mehr. Auch kann experimentell geprüft werden, welche Nahrung sie vorziehen.

Nahrungsuntersuchungen spielen eine wichtige Rolle in der Flußstation. Einiges hierzu wurde schon erwähnt, sollte jedoch noch etwas näher ausgeführt werden. Ursprünglich waren alle Bäche des Schlitzerlandes, wie überhaupt in den zentraleuropäischen Hügel- und Mittelgebirgslandschaften, Waldbäche. Diese sind zumeist ziemlich dunkel, zumindest in der Zeit von Ende April bis Anfang November, wenn die Erlen und andere Laubbäume an ihren Ufern belaubt sind. Die Beschattung des Baches hat zur Folge, daß höhere Wasserpflanzen kaum gedeihen können und nur Moose im Übergangsbereich zwischen Wasser und Land wachsen, während Steine im Bachwasser mit Algen überzogen sind. Algenaufwuchs gedeiht im zeitigen Frühjahr am üppigsten, da zu der Zeit das meiste Licht durch die dann noch kahlen Bäume in den Bach dringt. Man wundert sich, daß ein mit Pflanzen nur relativ ärmlich besiedelter Lebensraum doch eine in jeder Hinsicht reichhaltige Fauna aufweist. Da Pflanzen die Nahrungsbasis jeder Tiergemeinschaft bilden, entsteht die Frage nach der Herkunft der Nahrung für die vielen Tiere. Im Waldbach erfolgt die pflanzliche Produktion vorwiegend auf den Ufern. Besonders die Bäume, wie Erlen, Weiden und Eschen, gegebenenfalls aber auch Buchen produzieren Blätter, die im Herbst in den Bach fallen, wo sie dann einer Vielzahl von Tieren, deren Nahrung aus organischen Resten besteht, zur Verfügung stehen. Und diese gibt es in Bächen in entsprechend hoher Individuenzahl, wie manche der bereits erwähnten Insektenlarven und besonders die Flohkrebse. Von diesen wiederum leben dann räuberische Insektenlarven, Fische und Vögel, vor allem die Bachamsel.

Die Limnologische Flußstation Schlitz befaßt sich mit Ökosystemforschung an Fließgewässern, wie man zusammenfassend sagen kann, und einige wenige Aspekte hieraus wurden erläutert, um das verständlich zu machen. Ökosystemforschung an Fließgewässern wird in Deutschland nur in Schlitz betrieben, und entsprechend groß ist die allgemeine Bedeutung dieser kleinen Institution. Wissenschaftler der Flußstation lesen Fließgewässerkunde an drei Universitäten, Gießen, Kassel und Kiel, und die Studenten dieser Hochschulen kommen in jedem Herbst und in jedem Frühjahr zu Kursen und Praktika in die Burgenstadt. Dozenten anderer deutscher und europäischer Universitäten führen ihre Studenten ins Schlitzerland und besuchen den Breitenbach und den Rohrwiesenbach, wo sie etwas lernen können. Gastforscher aus aller Welt kommen nach Schlitz, um sich beraten zu lassen und um die Bibliothek der Flußstation zu benutzen.

Der wissenschaftliche Stab der Station besteht heute aus fünf Wissenschaftlern und zehn Mitarbeitern des technischen und des Verwaltungssektors. Hinzu kommen ein oder zwei Wissenschaftler, die aus Mitteln der Deutschen Forschungsgemeinschaft finanziert werden, mehrere Doktoranden mit Stipendien der Max-Planck-Gesellschaft sowie die wissenschaftlichen Gäste. Sieht man den Anfang der Flußstation, so hat sie sich zweifellos »gemausert«. Immerhin sind seit ihrer Gründung im Juni 1951 mehr als 600 wissenschaftliche Arbeiten aus ihr hervorgegangen, worunter grundlegende Bücher sind. Für mehrere Insektenordnungen, wie z. B. für die Steinfliegen (Plecoptera), gilt Schlitz als das internationale Zentrum, wo allein man bei schwierigen Bestimmungsfragen gültige Auskünfte erhalten kann. Und schließlich beherbergt die Flußstation die Redaktion mehrerer Zeitschriften, wie etwa der internationalen Zeitschrift »Aquatic Insects« oder der »Beiträge zur Naturkunde in Osthessen«.

Die Wissenschaftler der Flußstation beteiligen sich zudem im Umweltschutz, vorwiegend zur Sicherung der Fließgewässer in Hessen, und vertreten deren Interessen im Vogelsbergkreis, dem Regierungsbezirk Kassel und gegenüber der Landesregierung in Wiesbaden. Die drängenden Probleme der Umwelt-, speziell der Gewässerzerstörung, die wir heute zu beklagen haben, werden mit Hilfe der Flußstation von Seiten der Umweltschutzverbände und des Staates angepackt, wobei die Wissenschaftler aus Schlitz wesentliche Ratschläge erteilen. Kurse zur Ausbildung von Behördenvertretern in Fragen des Schutzes von Fließgewässern ergänzen die Schlitzer Bemühungen, das Schicksal unserer Quellen, Bäche und Flüsse in eine positive Richtung zu lenken.

Kürzlich war ein Limnologe aus Kalifornien in Schlitz zu Gast. Mit folgender Bemerkung sprach er ein ermutigendes Lob für die Flußstation aus: »Nach allem, was ich bisher gehört und gelesen hatte, erwartete ich in Schlitz ein großes Institut. Ich war höchst überrascht, eine so kleine Station anzutreffen!«

Von der Dokumentationsstelle für Biologie zum Deutschen Institut für Wissenschaftliche Information (DIWI)

Von Prof. Dr. M. Scheele

I. Dokumentationsstelle für Biologie

In den Jahren 1960/61 entstand in Schlitz eine Dokumentationsstelle für Biologie. Sie wurde organisatorisch dem Max-Planck-Institut für Kulturpflanzenzüchtung in Hamburg angeschlossen.

Unter Dokumentation versteht man das Erfassen, Ordnen und Aufschließen von Dokumenten, also im wesentlichen von Schrifttum, sowie das Speichern und Bereitstellen der für Auskünfte erforderlichen Angaben.

Das Dokumentationswesen entwickelte sich seit dem Zweiten Weltkrieg sehr rasch, weil die Menge des Wissens und der wissenschaftlichen Veröffentlichungen so enorm zugenommen hat, daß der Überblick darüber verloren gegangen ist. Es muß also dafür gesorgt werden, daß wir diesen Überblick zurückgewinnen, da jede weitere Forschungsarbeit sinnlos wird, wenn ihre Ergebnisse in den Bibliotheken verschwinden und nicht wieder aufgefunden werden können.

Die Dokumentationsstelle für Biologie in Schlitz war eine der ersten Dokumentationsstellen der Bundesrepublik, bei der Lochstreifenschreibmaschinen und elektronische Datenverarbeitungsanlagen (Computer) eingesetzt wurden. Vor allem entwickelte sie als erste ein Verfahren zur automatischen Klassifizierung von Zeitschriftenaufsatztiteln und Schlagwörtern, das auch von anderen Stellen übernommen wurde.

Die Grundidee der automatischen Klassifizierung besteht darin, den Computer so zu programmieren, daß er Stichwörter und Schlagwörter automatisch in ein vorgegebenes Klassifikationssystem einordnen kann. Dazu wird im Computer eine Wörtersammlung (Thesaurus) gespeichert, bei der jedes Wort mit bestimmten Klassifikationssymbolen versehen ist, die der begrifflichen Bedeutung des Wortes entsprechen. Alle Wörter ohne oder mit nur geringem Informationsgehalt werden gesondert gekennzeichnet. Die Maschine vergleicht dann alle neueingegebenen Titel und Schlagwörter Wort für Wort mit ihrem bereits gespeicherten Wortschatz. Wörter ohne Informationsgehalt bleiben bei der weiteren Verarbeitung unberücksichtigt. Alle anderen Wörter (mit Informationsgehalt) bekommen die Klassifikationssymbole (Notationen) der gespeicherten Wörter, mit denen sie identisch sind, zugeteilt. Auch diese Arbeit erledigt die Maschine automatisch. Neue Wörter, die bei dem Vergleichsvorgang übrigbleiben, die also in dem gespeicherten Wortschatz der Maschine noch nicht vorhanden sind, werden auf Lochkarten ausgedruckt und müssen dann von einem Klassifikationsfachmann mit Symbolen (Notationen) versehen werden, bevor sie in die Maschine zurückgelangen. Auf diese Weise »lernt« die Maschine immer mehr Wörter kennen, und die Zahl der vollautomatisch klassifizierbaren Wörter eines neueingegebenen Wörtermaterials nimmt prozentual ständig zu. In der Biologiedokumentation betrug im Jahre 1968 (bei einem in der Maschine gespeicherten Wortschatz von rund 265.000 Wörtern) der Prozentsatz der vollautomatisch klassifizierten Wörter aus einer neu eingegebenen Wörtermenge etwa 90 %. Dies bedeutet anders ausgedrückt, daß von zehn Wörtern eines neu eingegebenen Titels durchschnittlich neun Wörter automatisch klassifiziert worden sind.

Mit Hilfe dieses Verfahrens war es trotz geringen Personals möglich, ein sehr umfangreiches Literaturmaterial zu bewältigen: Die Dokumentationsstelle für Biologie erfaßte, klassifizierte und speicherte 274.752 Aufsatztitel aus 152 deutschen biologischen Zeitschriften vom Anfang ihres Erscheinens bis zum Jahre 1965. Dadurch wurden die Zeitschriften-Veröffentlichungen aus 170 Jahren deutscher biologischer Forschung erschlossen (1796-1965). In diesen Zeitraum fällt die Epoche, in der die deutsche Biologie international führend war, so daß die Biologiedokumentation auch für das Ausland von erheblichem Interesse ist.

Nach der Weiterentwicklung der einschlägigen Techniken (DIGISET) dienten die elektronisch gespeicherten Daten dazu, die Biologiedokumentation zusätzlich als gedruckte Bibliographie herauszubringen. Dieses Werk umfaßt 24 Bände und ist 1981/82 beim Verlag K. G. Saur in München erschienen. Es steht in den meisten großen Bibliotheken der Bundesrepublik.

Die Deutsche Biologiedokumentation gilt als die einzige eindeutig nach Zeitschriften abgegrenzte und vollständig nach rückwärts reichende Datenbank und Bibliographie der Welt. Nach der Umorganisation des deutschen Informationswesens wird die Datenbank seit 1977 vom Forschungsinstitut Senckenberg in Frankfurt/Main betreut. Eine Weiterführung über den Zeitraum 1796-1965 hinaus und die Hinzunahme weiterer Zeitschriften war leider aus verschiedenen Gründen nicht möglich.

II. Klassifikationsforschung

Nach dem Abschluß und der Abgabe der Biologiedokumentation wurden in Schlitz, ebenfalls unter der Schirmherrschaft der Max-Planck-Gesellschaft, klassifikatorische Arbeiten für ein Gesamtsystem des Wissens in Angriff genommen. Als Grundlage und Ausgangspunkt waren dafür die bei der Biologiedokumentation gewonnenen Erfahrungen von großem Nutzen.

Die meisten bisherigen Ordnungssysteme sind nach Fachgebieten eingeteilt. Das in Schlitz erarbeitete und inzwischen fertiggestellte Klassifikationssystem ist anders aufgebaut. Es gliedert sich nicht nach Fachgebieten, sondern nach den Gegebenheiten und Dingen, die wir in der Welt unmittelbar vorfinden: Nach den allgemein gültigen Naturgesetzen, nach den Stoffen, den Lebewesen, den Gemeinschaften von Pflanzen und Tieren sowie den Gesellschaftsbildungen des Menschen und ihren Leistungen, den technischen Gegenständen, den Kunstwerken, den Zonen und Lebensräumen unseres Planeten, nach »Sonne, Mond und Sternen« sowie nach den Bereichen des Religiösen. – Eine solche Ordnung gibt die Zusammenhänge der Welt besser wieder als Fachgebietseinteilungen.

Mit Hilfe dieses Ordnungssystems klassifizieren wir seit mehreren Jahren das in der 20-bändigen Brockhaus-Enzyklopädie niedergelegte Wissen. Dabei werden die einzelnen Lexikon-Wörter mit verschiedenen vierstelligen Zahlensymbolen (Notationen) versehen, welche aus dem Ordnungssystem stammen und die Definition (begriffliche Bedeutung) der Wörter wiedergeben. Die auf der nächsten Seite abgedruckten Beispiele aus der täglichen klassifikatorischen Arbeit sollen dieses Vorgehen noch einmal ausführlich veranschaulichen.

Aafjes, Bertus 0791 3031 3071 3911 7571

Definition: Bekannter (3031) männlicher (3071) niederländischer (7571) Lyriker (3911), geboren in den Jahren 1910 bis 1919 (0791).

Aargletscher 0047 7294 7596

Definition: Gletscher (7294) im Schweizer Kanton Bern (7596 0047)

Abfahrtslauf 6072 6771

Definition: Wettkampf (6072) beim Skisport (6771).

Die Zahlensymbole (Notationen) besitzen den weiteren Vorteil, daß man aus ihnen auch eine Stufenfolge von Oberbegriffen ablesen kann. Nehmen wir als Beispiel die Notation 3911. Die 3 repräsentiert die Hauptklasse 3 des Systems: »Mensch«. 39 bedeutet »Künstlerberufe«, 391 »Schriftsteller« und 3911 »Lyriker«.

Diese Arbeiten ergeben einen deutschen »Gesamtthesaurus« (alphabetisch und systematisch zu ordnenden Wortschatz), der unter anderem die Voraussetzungen für eine automatische Klassifizierung quer durch alle Bereiche des Wissens liefert.

III. Deutsches Institut für Wissenschaftliche Information (DIWI)

Moderne Kommunikations- und Informations-Techniken sind dabei, das Informationswesen zu revolutionieren. Zu diesen Techniken gehört auch »Bildschirmtext«. Seine für Ende 1983 geplante Einführung könnte bedeutungsmäßig der Erfindung der Buchdruckerkunst vor rund 500 Jahren gleichkommen: Die Buchdruckerkunst ermöglichte die beliebige Vervielfältigung und Verbreitung schriftlicher Aufzeichnungen; Bildschirmtext wird die Nutzung des Computers und der nicht schriftlich sondern elektronisch gespeicherten Informationen in jedes Haus bringen, das ein Telefon und einen Farbfernseher besitzt. Bildschirmtext ist also eine Technik, bei der Telefon und Fernsehen miteinander kombiniert sind. Dabei dienen der Fernsprecher und das Fernsprechnetz dazu, die Verbindung der Bildschirmtext-Teilnehmer untereinander und mit einem Verbundsystem von Computern herzustellen, von denen man beliebige Informationen abrufen kann, während der Fernsehempfänger lediglich die Aufgabe eines »Terminals«, also eines zur Wiedergabe von Schriftzeichen geeigneten Bildschirms übernimmt. – Die Bundespost rechnet bereits für Mitte der achtziger Jahre mit rund 1 Million Bildschirmtext-Benutzern.

Unseres Erachtens wird Bildschirmtext auch für die Verbreitung allgemeinverständlichen Wissens und sonstiger Informationen, die mit der Wissenschaft zusammenhängen, eine sehr große Bedeutung erlangen. Dabei lassen sich die im Rahmen der Biologiedokumentation und der Klassifikationsforschung gesammelten Erfahrungen vorteilhaft einsetzen. Deshalb wurde in Schlitz auf privatwirtschaftlicher Grundlage ein »Deutsches Institut für Wissenschaftliche Information« (DIWI) gegründet, das zur Verbreitung wissenschaftlicher Informationen über Bildschirmtext beitragen soll. Bisher konnten aus finanziellen Gründen nur Hilfskräfte auf Zeit beschäftigt werden. Die künftige Entwicklung wird von der Gebührenregelung der Post und davon abhängen, ob es gelingt, ein genügend finanzkräftiges Gremium als Träger für das Institut zusammenzubringen.

Literaturverzeichnis, Bildernachweis, Anmerkungen

Braun, Carl Ludwig: Medizinische Topographie des Physicatsbezirks Schlitz vom Jahre 1840. – Lauterbacher Sammlungen (1975), Heft 58.

Brehm, Jörg und Meijering, Meertinus P. D.: Fließgewässerkunde. – Heidelberg: Quelle und Meyer 1982. 312 S.

Burgenstadt Schlitz: Verlag Parzeller und Co., Fulda. 4. Auflage, Ohne Jahr.

Eichhoff-Werke GmbH, Lüdenscheid: Aus »Die Westdeutsche Wirtschaft und ihre führenden Männer.« – Oberursel/Ts: Wirtschaftslesebuch-Verlag Dr. Julius Kerl GmbH 1973.

Göhler, Josef (Hrsg.): Eugen Eichhoff. Wegbereiter des deutschen Turner-Bundes. – Frankfurt/Main: Wilhelm Limpert Verlag GmbH 1967. 176 S.

Hahn, Heinrich: Geschichte der Handweberei im Schlitzerland. – Schlitz / Hessen: Selbstverlag 1978. 144 S. (Dort zahlreiche Quellenangaben).

Hallenburgschule Schlitz: Schlitz und Schlitzerland im Spiegel des Schlitzer Boten. – Schlitz / Hessen: Selbstverlag 1956/57. 40 S.

Hotz, Wilhelm: Aus der Heimat. Ein Beitrag zur Heimatkunde des Schlitzerlandes. – Schlitz / Hessen: Selbstverlag. Ohne Jahr. 44 S.

Illies, Joachim (Hrsg.): Limnofauna Europaea. 2. Auflage. – Stuttgart: Gustav Fischer 1978.

Lohn, Georg: »Wie war in Schlitz es doch vordem . . .?« – Schlitz / Hessen: Selbstverlag 1978. 144 S.

Lohn, Georg: In Schlitz erzählt. – Schlitz / Hessen: Selbstverlag 1980. 144 S.

Meyer, Wilhelm: Die Entwicklung und Bedeutung der Leinenweberei im Vogelsberg. – Lauterbacher Sammlungen (1966), Heft 44, S. 1-9.

Oesterhelt, Curt: Geschichte der deutschen Leinenindustrie 1927-1962. – Melsungen: Selbstverlag 1965. 59 S.

Runge, Carola: Form und Gebild in der einheimischen Damastweberei. – Lauterbacher Sammlungen (1966), Heft 44, S. 10-46.

Scheele, Martin: Die Limnologische Flußstation Freudenthal. Ein Programm deutscher Flußforschung. – Göttingen: Selbstverlag 1949. 8 S.

Scheele, Martin: Die Lochkartenverfahren in Forschung und Dokumentation mit besonderer Berücksichtigung der Biologie. – Stuttgart: Schweizerbart 1954/1959. 2 Auflagen. Engl. Ausgabe.

Scheele, Martin: Der Schlitzer Bote als Berichterstatter über 100 ereignisreiche Jahre. – Schlitz / Hessen: H. Guntrum II. KG 1966. Jubiläumsausgabe »Schlitzer Bote«.

Scheele, Martin: Ordnung und Wortschatz des Wissens. Entwurf zu einem Überblick über das menschliche Wissen auf der Grundlage der Wörter. Erster Band. – Schlitz / Hessen: H. Guntrum II. KG. 1977. 208 S.

Scheele, Martin: Bildschirmtext. Eine neue elektronische Kommunikationstechnik und ihre Bedeutung für die Wissenschaft. – Mitt. Hochschulverband **28** (1980) H. 3, S. 127-138.

Scheele, Martin und Natalis, Gerhardt (Hrsg.): Biologie-Dokumentation. Bibliographie der deutschen biologischen Zeitschriftenliteratur 1796-1965. – München, New York, London, Paris: K. G. Saur-Verlag 1981. 24 Bände.

Schlitz, Elisabeth von, gen. von Görtz: Schlitz und das Schlitzerland. – Schlitz / Hessen: Selbstverlag des Verkehrsvereins 1936. 191 S.

Sippel, Heinrich: Schlitz im Spiegel der Geschichte. Schriftenreihe. – Schlitz / Hessen: Selbstverlag.

Sippel, Heinrich: Studien zur Schlitzer Geschichte. Schriftenreihe. – Schlitz / Hessen: Selbstverlag.

Steinacker, Hans: Mi Schlitzerlahnd. (Gedichte). – Schlitz / Hessen: Selbstverlag 1980. 48 S.

Werner, Heinrich: Schlitz / Oberhessen. – Lauterbach: Kunstverlag Gustav Mandt. Ohne Jahr. 14 S.

Weyrauch, Peter: Zur Baugeschichte der Schlitzer Kirche seit 812. – Archiv für Hess. Geschichte und Altertumskde. N. F. **39** (1981) S. 61-139.

Alle Farbaufnahmen, mit Ausnahme der beiden Luftbilder, stammen von Herrn Oskar Diegelmann, Schlitz.
Luftaufnahme Seite 25: Schöning und Co + Gebrüder Schmidt, Lübeck, Genehmigung SH1-71816.
Luftaufnahme Seite 42/43: Aero-Lux, Frankfurt, freigegeben durch Reg.Präs. Darmstadt Nr. 660/74.
Die Schwarz-Weiß-Aufnahmen des »Fotospazierganges« stammen von Herrn Oskar Diegelmann (Seiten 26 l. o., 28 l. o. und r. u., 33 r. o. und r. u., 35, 38, 40 unten, 44 und 47) sowie von Herrn Heinrich Sippel (Seiten 26 l. u., 28 r. o. und l. u., 29, 32, 33 l. o., 40 l. o., 41 u. 45.) – Alle anderen Bilder von den Autoren.

Anmerkungen

1) Zum Aufsatz »Die Dörfer des Schlitzerlandes«: Von vornherein war der Herausgeber bestrebt, in diesem Buch die Dörfer angemessen zu berücksichtigen. Dabei gab es jedoch erhebliche Schwierigkeiten. Dies hängt auch damit zusammen, daß nach Mitteilung von Herrn Heinrich Sippel die Unterlagen und Dokumente, die über die Dörfer vorhanden sind, noch nicht geordnet vorliegen. Schließlich wurde folgender Weg gewählt: Nach einem für alle Dörfer gleichen Schema stellten wir zunächst aus den zugänglichen Unterlagen (siehe Literaturverzeichnis) die wichtigsten Angaben zusammen. Diese Angaben wurden dann nochmals doppelt geprüft und ergänzt: Erstens übernahm es Herr Hans Schmidt, Ortsvorsteher von Hutzdorf, den Text mit seinen Kollegen fernmündlich durchzusprechen, und zweitens sah Herr Heinrich Sippel die gesamte Zusammenstellung abschließend durch. Die eine oder andere Kürzung war aus technischen Gründen erforderlich.

2) Zum Aufsatz »Das Schlitzer Leinen«: Der Autor (Herr Direktor Depenbrock) teilte dem Herausgeber mit, daß er außer den im Literaturverzeichnis genannten Schriften noch andere Quellen, zum Teil nur als Kopie oder auszugsweise, benutzt hat, deren bibliographische Daten nicht mehr zu ermitteln waren. Es handelt sich um folgende Unterlagen: Dieter Harmann: »Hessen-Journal«, Schwurhand-Zeichenverband, Walter Tillmann: »Spinnen und Weben«, Leonhard Dingwerth: »Spinnen und Weben im Laufe der Jahrhunderte« und Klaus Franzen: »Von Webern zu Metallarbeitern oder Die Geschichte der Firma Baumgärtner«.

3) Zum Aufsatz »Die Elektroindustrie in Schlitz«: Zur Firmengeschichte der Eichhoff-Werke gibt es eine unveröffentlichte, interne Datensammlung von Otto Zick.

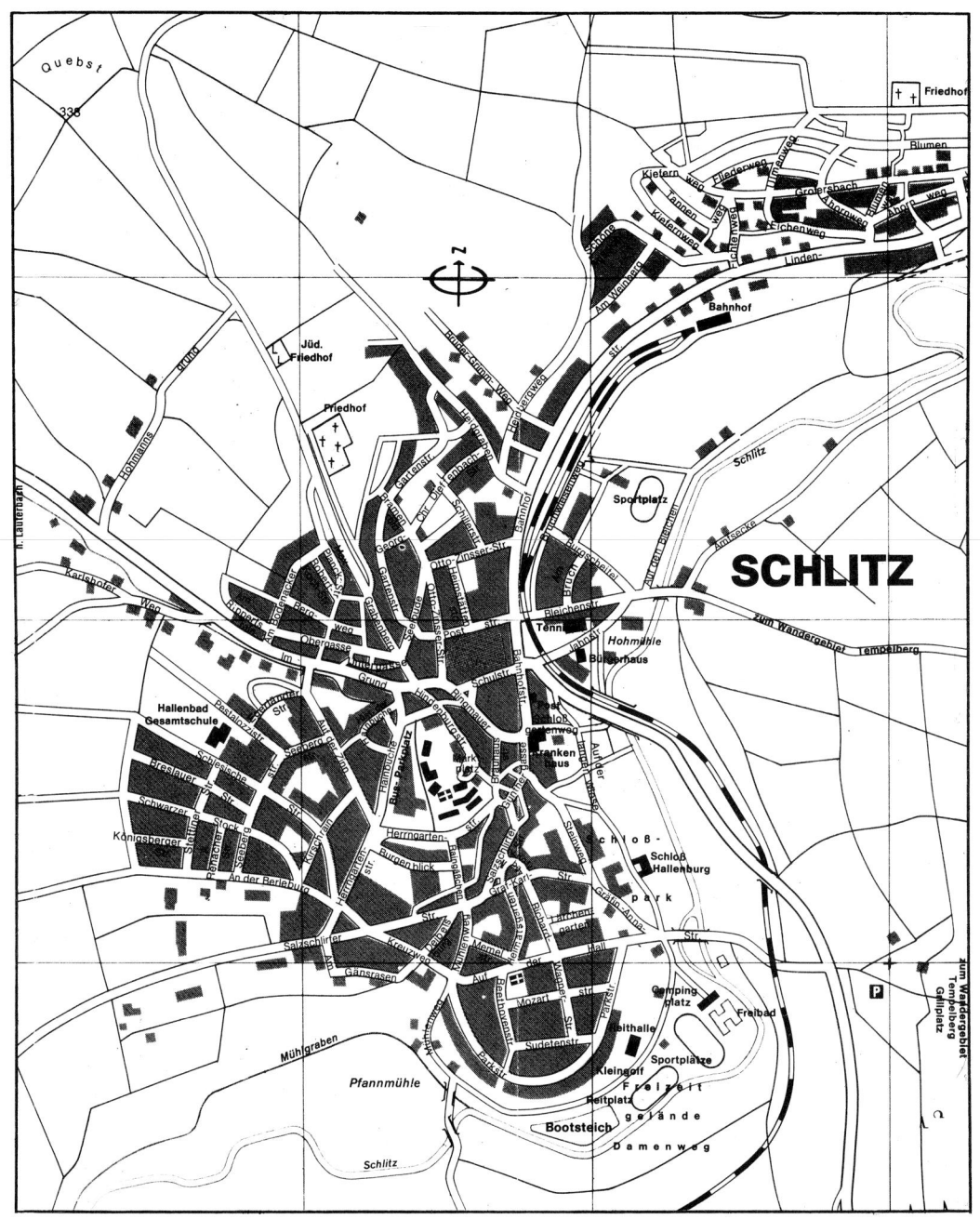